―― 親との信頼関係をつくる ――

そのまま保護者会資料

〈個人面談・家庭訪問資料付き〉

監修 向山洋一
編著 師尾喜代子
　　　TOSSブルーライトサークル

騒人社

まえがき

　新年度、保護者は、新しい担任の先生に期待と不安をもちながら、第一回の保護者会に参加します。もちろん、担任も新しい出会いに緊張して臨みます。その出会いが最高のスタートをきり、貴重な1年間になるよう、本書を活用していただけたら幸いです。

　本書があれば、保護者会の度に、どんな資料を用意したらよいか悩む必要はありません。全学年の時期ごとの保護者会資料を掲載しました。一年生と六年生では、当然保護者に話す内容も違ってきます。各学年の成長に合わせて、保護者にとっても貴重な情報を届けたいと資料を組み立てました。学習に関する資料は指導要領に基づいていますが、分かりやすい言葉にして、説明しています。1ページまたは見開き2ページの資料は、コピーし、日付を書きこめば、そのまま印刷ができるように工夫しました。

　保護者会は保護者の信頼を得る絶好のチャンスでもあります。

　「今年の担任の先生はどんな人？」「クラスの雰囲気はどんな様子？」「我が子はクラスの中で楽しくやっていける？」「学習についていける？」そうした心配をもっていた保護者がこの資料を手にして帰れば、きっと担任の応援団になってくれることでしょう。

　担任も毎回、同じ話を繰り返すのではなく、それぞれの時期に応じて、資料をもとに話題を広げることができます。

　本書はTOSSブルーライトサークルのメンバーが執筆しました。私たちのサークル活動は15年を超え、10冊の本を出版してきました。若手からベテランまで、教師技量を上げるために、月一回集まって楽しくサークル活動をしています。本書はサークルの中でも一番の若手教師中田駿吾が中心になり、まとめ上げました。

　向山洋一先生率いるTOSSの学びとTOSSブルーライトサークルの多くの知恵が込められています。ご活用頂けるとうれしいです。

TOSSブルーライトサークル代表　師尾喜代子

目　　次

まえがき　　　　　　　　　　　　　　　　　　　　　　　　　　　　*iii*
本書の特徴と使い方　　　　　　　　　　　　　　　　　　　　　　*viii*

第一章　全学年そのまま保護者会資料

1年
新学期		１年間の学習の見通しや子どもの成長に関する資料	*2*
(4月)	資料	１年生の特徴（心と身体の発達）	*3*
	資料	１年生の学習	*4*
夏休み前		夏休みの過ごし方や通知表について知らせる資料	*6*
(7月)	資料	はじめての通知表	*7*
	資料	１年生の夏休みの学習方法	*8*
冬休み前		初めての冬休みの過ごし方についての資料	*10*
(12月)	資料	早寝早起きのよさ	*11*
	資料	初めての冬休みの過ごし方	*12*
年度末		一年間の成果を伝え、成長を実感できる資料資料	*14*
(3月)	資料	子どもの成長が分かる15のチェックポイント	*15*
	資料	１年生　こんなことができるようになりました	*16*

2年
新学期		１年間の学習の見通しや子どもの成長に関する資料	*18*
(4月)	資料	２年生の特徴（心と身体の発達）	*19*
	資料	２年生の学習	*20*
夏休み前		夏休みの過ごし方・自由研究について知らせる資料	*22*
(7月)	資料	夏休み　学習と生活	*23*
	資料	夏休みの自由研究のテーマ	*24*
冬休み前		大切な習慣や冬休みの過ごし方についての資料	*26*
(12月)	資料	この三つができれば立派な人に	*27*
	資料	冬休みの過ごし方	*29*
年度末		成長を実感し褒めるポイントを見つける資料	*30*

	（3月）	**資料** 子どもの成長が分かるチェックポイント	*31*
		資料 2年生 こんなことができるようになりました	*32*

3年

	新学期	1年間の学習の見通しや子どもの成長に関する資料	*34*
	（4月）	**資料** 3年生の特徴（心と身体の発達）	*35*
		資料 3年生の学習	*36*
	夏休み前	はじめての社会・理科を自由研究に生かす資料	*38*
	（7月）	**資料** 自由研究のヒントⅠ	*39*
		資料 自由研究のヒントⅡ・Ⅲ	*40*
	冬休み前	机の前に座る習慣をつける資料	*42*
	（12月）	**資料** 学習の仕方やコツを知る	*43*
		資料 学習習慣を身につけるには	*44*
	年度末	1年間の成果を伝え、成長を実感することができる資料	*46*
	（3月）	**資料** 子どもの成長が分かるチェックポイント	*47*
		資料 3年生 こんなことができるようになりました	*48*

4年

	新学期	1年間の学習の見通しや子どもの成長に関する資料	*50*
	（4月）	**資料** 4年生の発達（心と身体の発達）	*51*
		資料 4年生の学習	*52*
	夏休み前	夏休みに向けて食に関する資料	*54*
	（7月）	**資料** 「食べる」を学ぼう！	*55*
		資料 食事の在り方について考えよう	*56*
	冬休み前	努力の大切さを伝える資料	*58*
	（12月）	**資料** 努力直線と発達曲線	*59*
		資料 努力したけど学力つかず	*60*
		努力のコツで学力がつく	*61*
	年度末	学習チェックで復習することを確認する資料	*62*
	（3月）	**資料** 子どもの成長が分かる15のチェックポイント	*63*
		資料 4年生 こんなことができるようになりました	*64*

5年

	新学期	1年間の学習の見通しや子どもの成長に関する資料	*66*
	（4月）	**資料** 5年生の心身の発達について	*67*

		資料 5年生の学習について	68
夏休み前 （7月）	夏休みの過ごし方や脳の成長について知らせる資料		70
		資料 計画を立てるための5つのステップ	71
		資料 子どもの脳のはたらきと成長	72
冬休み前 （12月）	お年玉の使い方や冬休みの過ごし方についての資料		74
		資料 お金のトラブルを防ぐために	75
		資料 充実した冬休みを過ごすために	76
年度末 （3月）	成長を実感し褒めるポイントを見つける資料		78
		資料 子どもの成長が分かる15のチェックポイント	79
		資料 5年生 こんなことができるようになりました	80

6年

新学期 （4月）	1年間の学習の見通しや子どもの成長に関する資料		82
		資料 6年生の心と身体	83
		資料 6年生の学習	84
夏休み前 （7月）	夏休みの事件・事故に対応するための資料		86
		資料 夏休み こんな時はどうする？	87
		資料 子どもの被害防止能力を高めるために	88
		インターネットを快適に利用するためには	89
冬休み前 （12月）	小学校残り3ヶ月を効果的に過ごすための資料		90
		資料 中学進学への最終チェック	91
		資料 やりぬく力の大切さ	92
		家庭でできる食育	93
年度末 （3月）	成長を実感し褒めるポイントを見つける資料		94
		資料 子どもの成長が分かるチェックポイント15	95
		資料 6年生 こんなことができるようになりました	96

第二章　保護者会を盛り上げるマル秘テクニック

Q1	保護者会に出席したくなる学級通信の書き方は？	100
Q2	気持ちよく参加できる出席簿や名札の作り方は？	102
Q3	「来てよかった」と思われる保護者会の運営は？	104
Q4	保護者がみたい映像や画像の準備は？	106

Q5	学習の様子を分かりやすく話す方法は？	108
Q6	緊張している雰囲気をとくには？	110
Q7	保護者会後の学級通信の書き方は？	112

第三章　保護者の信頼を得るための秘密

Q8	保護者会の教室環境は？	116
Q9	子育てについて聞かれたら？	118
	資料　生活振り返りチェックシート・ハッピー子育て	119
Q10	保護者とのやりとりで気を付けることは？	120
Q11	夏休みの作品の展示方法は？	122

第四章　これで差がつく家庭訪問・個人面談の一工夫

Q12	家庭訪問での話題づくりは？	126
	資料　家庭訪問カード	127
Q13	家庭訪問で時間通りまわるには？	128
	資料　家庭訪問のお知らせ	129
Q14	家庭訪問の希望のとり方は？	130
	資料　家庭訪問希望票	131
Q15	個人面談の話し方は？	132
	資料　遊び調べ	133
Q16	個人面談の学習資料準備は？	134
	資料　評価規準の名簿	135
Q17	個人面談での教室環境は？	136
Q18	子どもの資料のまとめ方は？	138
	資料　個人カルテ	139
Q19	子どもをよく知るための方法は？	140
	資料　生活と学習アンケート	141
Q20	テスト結果の活用の方法は？	142
	資料　個人別学力診断表	143

あ と が き　　　144

本書の特徴と使い方

若手教師から寄せられた悩みです。

> **保護者会や個人面談が苦手です**
>
> 　何を話し、どのように進行すればよいか分からず、当たり障りもないクラスの話と業務連絡のみになってしまいます。最後に、家庭での子供の様子を話して頂いたら、ある保護者が事細かに話し始めたため、終了時刻が大幅に遅れてしまいました。

次は、保護者会に対して、お二人の保護者からの意見です。

> 　子供の様子が知りたくて、保護者会に参加したのですが、あまり具体的な情報はなく、保護者同士の顔合わせのようなものでした。全体の場で突然話を振られ、頭が真っ白になりました。人付き合いの苦手な私にとって、保護者会は疲れるものでした。

> 　ビデオを見て、子供がどのように学校で過ごし、学習しているかがよく分かりました。帰ったら子供のことを褒めようと思います。他の保護者の方の話も参考になりました。時間通り終わったので、幼稚園へのお迎えも間に合いました。次回も参加します。

　保護者会は、教師と保護者の大切なコミュニケーションの場です。本書には保護者と有意義な時間とするための資料やヒントが掲載されています。

〈そのまま保護者会資料の使い方〉
1. 第1章は「そのまま保護者会資料」
　　枠組みのページは、そのままコピーし日付を入れ、印刷、配布すればよいようにし

てあります。年4回分（4月の新年度、7月の夏休み前、12月の冬休み前、3月の年度末）の全学年の保護者会資料は、全部で、各学年8枚（B5版4枚＋B4版4枚）×6学年＝48枚の資料が掲載されています。

〈資料例〉

```
1年保護者会資料    月   日

 1年生の特徴 （心と身体の発達について）
```

2. 第2章からは保護者との様々な課題をQAで答えながら、関係の資料を掲載しました。必要に応じて印刷、配布ができるものと、参考資料として活用して頂くものがあります。

〈資料例〉

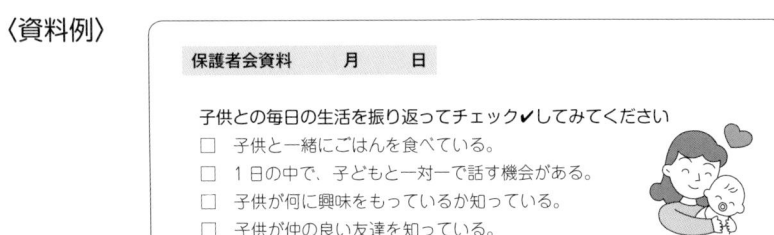

　教師と子供は1年の内、約200日間を共に過ごします。保護者が学校に足を運ぶ回数は、学校やPTAなどの役職によっても変わりますが、平均6,7日です。（ベネッセ調査）その機会は、保護者会・面談の他に、運動会などの行事もあります。最近は共働きの世帯も増え、仕事を休み、少しでも我が子の様子を見て、再び職場に戻る保護者もいます。保護者の立場を理解し、教師も工夫が必要です。

　保護者会を成功させるためのポイントを一部紹介します。

- 終了時刻を守る
- メモをとりたくなるような話をする
- 映像・画像を用意する
- 授業の様子が分かる資料を用意する
- 保護者会の流れが分かる資料を用意する
- 教室に掲示する子どもの作品に抜けがないか確認する
- （欠席者などへ）事後フォローをする

　ここに挙げたのは、ほんのちょっとした工夫の一部です。本書の資料を参考に、クラスに合った形で準備・運営をすれば、誰もが満足のいく保護者会や面談にすることができます。

第1章

そのまま保護者会資料

第1章　そのまま保護者会資料

1年生　新学期（4月）
1年間の学習の見通しや子どもの成長に関する資料

　我が子が入学したばかりの1年生の保護者は、不安がいっぱいです。ベテランの保護者は、過去の経験との違いに驚き、不満や疑問を持ちがちです。保護者の不安を解消する資料を用意しましょう。分かりやすく明快な資料を示し、第一回の保護者会から信頼を得たいものです。

　1年生の4月の保護者会では、次の資料を配布し、話題に取り上げると良いでしょう。
　　①学習指導要領に基づく1年生の学習について
　　②1年生の心と身体の特徴

　1年生は入学し、新しい生活リズム、新しい人間関係をつくります。多くの保護者にとっても同様です。学校生活への不安や心配が多くて当然です。
　4月の保護者会では、1年間の学習内容や1年生の心身の発達についてお知らせすると、保護者も安心します。あわせて学校の教育目標や学年目標、学級目標、年間行事予定を書いたものを配布するとよいでしょう。
　4月の保護者会は、担任の方針をアピールできるチャンスです。各学校によって、子どもの実態、子どもにつけたい力などの違いがありますが、そのまま配布可能な資料を掲載しました。

保護者の不安を理解しておこう

　入学してまもなく、保護者から「片仮名はいつから勉強しますか？」「落ち着きがないので、先生の話を聞いているか心配です」「まだまだ甘えん坊で、家に帰ってから膝にのって甘えてきます」などの相談事が次々と寄せられます。
　1年間の学習の見通しや1年生の心や身体についての資料は、4月の保護者会のポイントです。

1年生　新学期（4月）

| 1年保護者会資料　　　月　　　日 |

1年生の特徴 （心と身体の発達について）

1. 失敗するのが当たり前　繰り返し褒めて励まそう（せいかつ）

　1年生はよく失敗をします。失敗したときこそがチャンスです。教えればできるようになります。（「○○しなさい！」「早く！」は禁句です）自分の力でやり遂げた喜びが、自信と意欲を生み出します。

　また、自分でやり遂げられたとき、褒めてあげることが次への意欲につながります。「やればできるよ」と繰り返し励まされた子どもは、何事にも積極的に取り組むようになります。

2. 友だちとのつきあい方（あそび・友だち）

　1年生は、自己中心的に物事を考える傾向があります。自分に不利になることは言わず、他人のことを悪く言って自己弁護することもあります。だからといって、人の心を平気で傷つけるような、人の痛みが分からない子どもであってはなりません。

　学校生活では、集団活動の場を多く設け、友だちとのつきあい方や関わり方を学んでいきます。

3. スキンシップ（こころ）

　1年生は、まだまだ親の愛情（スキンシップ）を求めています。子どもが甘えてきたら、「もう1年生なんだから」などと言わず、ギュッと抱きしめてあげてください。

　表現力が十分でないため、断片的な話し方になりがちですが、一日の出来事を聞いてあげるだけでも、子どもの心は満足します。これは、話す力を伸ばすことにもつながります。

1年生の学習

国　語

今までの学習指導要領で「話すこと・聞くこと」「書くこと」「読むこと」の3領域で構成していた内容が、〔知識及び技能〕及び〔思考力、判断力、表現力等〕に構成し直されました。人との関わりの中で伝え合う力を高め、順序立てて考える力を育て、自分の思いや考えをもつことなどができるように学んでいきます。平仮名及び片仮名を読み，書くとともに、助詞の「は」「へ」「を」の使い方を理解して、文や文章の中で使えるようにします。

算　数

「計算ができる」などの知識及び技能だけではなく、計算の意味や仕方を考えたり説明したりする思考力・判断力・表現力等も身に付けていきます。たし算、ひき算の計算だけでなく、用いられる場面を式に表したり、式を読み取ったりする学習をします。長さ、広さ、かさを直接比べたり、時刻を正しく読んだりできるようにします。また、前後、左右、上下など方向や位置に関する言葉を正しく用いて、ものの位置を言い表すことができるようにします。

生　活

学校たんけんや植物を育てるなどの具体的な活動や体験を通して、身近な生活に関わる見方・考え方を生かし、自立し生活を豊かにしていくための学習をしていきます。見付ける、比べる、たとえる、試す、見通す、工夫するなどの多様な学習活動を行います。

音　楽

身体表現をたくさん取り入れ、歌ったり聴いたり、音楽活動の楽しさを感じながら学習していきます。鍵盤ハーモニカを吹いたり、打楽器を使って演奏したりしながら音楽に親しみます。

1年生 新学期（4月）

図画工作

絵や立体、造形遊びなどの活動を通して、身近で扱いやすい材料や用具に十分に慣れるとともに、並べたり、つないだり、積んだりするなど手や体全体の感覚などを働かせ、活動を工夫してつくっていきます。

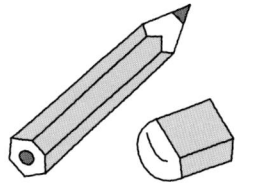

☆★ お 願 い ★☆

はさみ、のりなどの他に、活動内容によって材料や用具が必要となります。ペットボトルや空き箱、ビニル袋などご家庭のご協力をお願いします。包装紙やリボンなども日頃から集めておいてくださると助かります。準備物につきましては、子供たちを通じて連絡していきます。

体　育

誰とでも仲よくし、簡単なきまりを守ったり、活動を工夫したりしながら、楽しく学習していきます。体つくりの運動遊びや鉄棒遊びやボール遊び、まねっこ遊び、マット遊びなどを行います。

特別の教科である道徳

よいこととわるいこととの区別がしっかりとでき、社会生活上のルールや基本的な生活習慣などが身に付くよう学習していきます。健康や安全に気を付け、規則正しい生活をすること、気持ちのよい挨拶や言葉遣いをすることなどについて学びます。

自分自身に関すること、人との関わり、集団との関わり、生命や自然に関することなど、教育活動全体を通して学習していきます。

特別活動

集団の一員としての自覚を深め、協力してよりよい生活を築こうとする自主的・実践的態度を育てます。学級目標や係の仕事を話し合って決めたり、お楽しみ会をするために必要な事を話し合ったりします。決めたことについての準備をし、実施できるように活動していきます。

第1章　そのまま保護者会資料

1年生　夏休み前（7月）
夏休みの過ごし方や通知表について知らせる資料

　小学校生活にやっと慣れてきたころに、1年生の保護者にとっても初めての長い夏休みが始まります。3学期制の学校では、夏休み前に通知表が配られます。その通知表の見方や、夏休みの過ごし方について、保護者会で話題にし、夏休み前の保護者会をスムーズに進行しましょう。

　1年生の7月の保護者会では、次の資料を配布し、話題に取り上げると良いでしょう。
　　①1年生の夏休みの学習法について
　　②通知表の見方について

　夏休みは、子どもたちにとって重要な期間であることを、保護者に話しましょう。規則正しい生活ができるように、夏休みに入る前に、勉強時間についてお子さんと話し合ったり、夏休みの計画を立てたりすると、より効果的に過ごせることを伝えましょう。
　夏休みは1学期の復習をする絶好の機会です。7月の保護者会では、通知表に示された1学期の結果を踏まえ、夏休みに取り組むべきことを親子で話し合うための資料を用意しましょう。

保護者の不安を理解しておこう

　長い夏休みを前に、「規則正しい生活ができるか心配です」という声や、初めてもらう通知表について、「通知表の見方を教えてください」という質問があることでしょう。
　夏休み中に行う、教科書を活用した具体的な勉強方法と、通知表の見方の資料が、7月の保護者会のポイントです。

1年生　夏休み前（7月）

1年保護者会資料　　　月　　　日

はじめての通知表

1. 可能性を伸ばすもの！

『通知表』では、子どもたちのよさを積極的に評価しています。

その子の個性はどこにあるのか、可能性はどこに秘められているのかを見つけ、伸ばしていくきっかけになります。

また、それぞれの教科を少し詳しく分けて、どういう点が優れているか、伸びていく可能性があるかを示しています。

2. 子どもたちの行動の特徴

行動の記録では、子どもたちが学校生活において、どのようなよい特徴が見られたかを記録しています。子どもたちの行動の中から、特に優れている点を○で示しています。○のある内容についてはよく褒めてあげてください。

担任からは、子どもたち一人一人について、○では表せない内容を文章で伝えます。ここには、その子の学校生活の中での出来事やエピソードが、より具体的に書かれています。お子様の成長に役立ててください。

通知表は、ほんの一断片です。すべてではありません。それぞれの項目についてご家庭でお子さんと話し合い、2学期に向けての目標を立てるとよいでしょう。

1年保護者会資料　　　月　　　日

1年生の夏休みの学習方法

1. ひらがなの書き方

① まずは、指書き、なぞり書き、うつし書き!!

基本的な文字の練習方法として、指書き、なぞり書き、うつし書きがあります。指書きとは、鉛筆で書く前に人差し指で書くことです。書き順を覚えるまでに、何度も何度も机の上に指書きを行います。指書きは覚えるために効果があります。

指書きが出来るようになったら、なぞり書き（薄く書いてあるお手本をなぞります）、うつし書き（白いマスにお手本を写させます）、と進みます。漢字の学習も同様です。

② 声に出すことで効果倍増

声に出すことによって、目で追って黙読するときと違う部分の脳も働きます。声に出すと、脳の回路作りが加速します。ひらがなの復習のときも、書く時に書き順を声に出して言っているのを聞いてあげてください。

書き順のしっかりしている子は、文字の書き間違いも少なく、今後出てくる漢字を無理なく覚えることができます。

きれいな字は「手」だけでなく「目と頭」で書きます。「目」でお手本をよく見て、「頭」できれいな形をしっかり覚えます。

2. 算数の教科書問題の復習

算数の教科書は、学習がとてもシステム化されています。

① 例題　　② 類題　　③ 発展問題

の順に構成されていて、その通りに学習していけば、スモールステップで、分かるようになっていきます。

夏休みの算数の復習は、教科書の問題を復習し、できないところがないようにしておくとよいでしょう。

【ある家庭の夏休みの親子の勉強の仕方を紹介します】

　夏休みは母から課題が出される。毎日、「今日はここまで」と教科書に印が入れられ、勤めにでている母が帰ってくるまでにノートに問題練習をする。母が丸付けをし、できなかった問題は、教科書にチェック印を入れ、もう一度解く。教科書の問題番号の前に解けた、解けなかった印をつけ解けなかった問題だけ再度ノートに解くのだ。

（参考文献　明治図書　家庭教育ツーウェイの論文）

　教科書チェックは、とても大切な学習技能です。

　この技能を身につけると、小学校だけではなく、中学校、高校と先に進むにつれて役に立ってきます。なによりも教科書の問題をすべてノートに書くことが子どもたちの自信にもつながります。

　この夏に、教科書を始めから解いていくと子どもたちがどこでつまずいているのかがわかります。ぜひ実践なさってください。

1年生　冬休み前（12月）
初めての冬休みの過ごし方についての資料

　1年生にとって、初めての年末年始を過ごす冬休みです。長い夏休みと違った過ごし方について、話題にすると保護者にとってよい情報になります。

　1年生の12月の保護者会では、次の資料を配布し、話題に取り上げると良いでしょう。
　　①初めての冬休みの過ごし方について
　　②日本の伝統文化について

　冬休みは、せっかく身につけた「早寝早起き」の習慣をはじめ、食事・洗面など、基本的な生活習慣が乱れがちです。冬休みも規則正しい生活をこころがけるアドバイスをしましょう。

　また、冬休みは、おじいちゃんやおばあちゃん、親戚の方からお年玉などをもらう機会もあり、お金について、家族で考えるチャンスでもあります。冬休み中にやってみたくなる情報を伝えると保護者も取り組むことでしょう。

保護者の不安を理解しておこう

　冬休みには、クリスマスやお正月など子どもにとって楽しみなイベントがあります。一方、保護者にとっては、子どもの生活習慣の乱れが心配です。
　「冬休みはついつい子どもが夜遅くまで起きてしまいます。一体何時までに寝かせたらいいでしょうか」という質問があります。「早寝早起き」は身体の成長のためにも必要であることを伝える資料を掲載します。

1年保護者会資料　　　月　　日

早寝早起きのよさ

「寝る子は育つ」「早起きは三文の得」といいます。健康に過ごすための昔の人達の知恵が隠されています。人の脳は八歳から十歳頃で大まかな発達は終了します。脳を育てる為にも、出来れば午後八時までには寝るようにしましょう。そのためには夕食は何時、お風呂の時間は何時というように計画しなければなりません。行き当たりばったりでは、就寝時間を守ることができません。生活が乱れてくると就寝時間も乱れてきます。

早寝早起きは、習慣付けることが大切です。家庭で決めた就寝時刻がきたら眠くなくても寝床に行かせる習慣を身に付けさせたいものです。親子で決めたことをきちんと約束として守らせましょう。

子どもを早く寝かせるのがよいといって「早く寝なさい」と怒ってみても効果はほとんどありません。「早く寝る子はいい子ね」「一緒に寝ようね」と親が子どもの寝る習慣や環境を作ることも必要です。

1. 体を作る

人間の身体の中で脳は大切な器官です。人間の身体は寝ている間に大脳や細胞の壊れたところを修復しています。よく寝るから元気に活動できるのです。

2. 食欲が出る

早寝早起きをすると空腹感があります。朝早く起きるのでゆっくり朝ごはんを食べる時間が作れます。

3. 脳を働かせる

「朝ごはんをしっかり食べる」ことが大切です。朝食を抜くと、脳がなかなか働かないと言われています。きちんと朝食をとると、脳がしっかりと働き、授業にも集中できます。やる気が出て、学習にきちんと取り組めます。早寝早起きが成績にまで結びついています。

1年保護者会資料　　　月　　　日

初めての冬休みの過ごし方

1．おうちのお手伝いをしよう

　新年を迎える時は普段の生活のとおりにはいきません。家の人は新年の準備で大忙しです。こんな時こそ家族の一員として仕事を分担しましょう。今までお手伝いをしている子はそのまま継続しても良いでしょう。大掃除や新年の準備で手伝えそうなことを頼みましょう。おうちの人が「これをやりなさい」と言うよりも「窓ふきはできる？」「お風呂洗いをがんばる？」「料理の手伝いをしてくれる？」などと、子どもにやる事を決めさせて頑張らせましょう。今までやったことのない子は、おうちの人と相談して決めてもいいでしょう。自分の役割分担があり、仕事を最後までやり遂げた満足感と自信を経験させましょう。

　小さな子どものお手伝いは、なかなか助けにならないことも多いです。しかし、子ども自身はお手伝いすることを喜び、達成感をもちます。少しずつお手伝いの習慣をつけましょう。

　五十年近く前、東京都立教育研究所が中学生を対象に学力調査をしました。知能指数が同じなのに、成績が「オール5」（学習上位）の子と「オール1」（学習下位）の子を比較した調査です。原因は様々でした。はっきり断定することはできませんでしたが、以下のような傾向が見られました。

> その1　オール5の子は、家庭で手伝いをしている。オール1の子は、家庭で手伝いをほとんどしない。
>
> その2　オール5の子は、テレビを見る時間が家庭内で決まっている。大体一日1時間半。オール1の子は、テレビの約束がなく、長く見ている。多くが3時間以上。時には4時間、5時間見る子もいる。
>
> （参考文献　『家庭教育ツーウエイ』2005年8月号　向山洋一家庭教育のポイント―17より抜粋。漢数字を数字に変換しました。）

2. 規則正しい生活をしよう

　早寝早起きをすると体調がいいです。朝ごはんを食べると脳が活性化します。冬休みはつい生活のリズムが崩れがちです。家庭で子どもたちと起床時刻と就寝時刻を決めましょう。「早寝早起き朝ごはん」を合い言葉にしてみませんか。

3. 日本の伝統やしきたり、文化を知ろう

　冬休みと言えば「クリスマス」「お年玉」「お正月」ですが、「お雑煮ってなあに？」「おせち料理を食べたことがない」という子が出てきています。年末年始には日本の伝統や、文化に根ざした行事が多くあります。せっかくの機会です。おうちの人が初詣の意味や門松のこと、ちょっとした内容を一言話すだけで、子ども達は伝統や文化について感じることができます。

☆**除夜の鐘**：大晦日の夜更けにお寺で鳴らされる百八の鐘のことです。鐘をつくことでこれらの「心を惑わし身を悩ませる」煩悩を一つ一つ取り除いて正月を迎えようとします。最後の一回は年が明けてからつきます。これは今年一年煩悩に惑わされないように、という意味がこめられています。

☆**年越し蕎麦**：江戸時代から食べられるようになりました。細く長い蕎麦を食べると長生きできる、年越し蕎麦を残すと翌年金運に恵まれないと言われます。

☆**正月**：新しい年の豊穣を司る歳神様（としがみさま）を迎えて祝う行事です。歳神様は一年の初めにやってきて、その年の作物が豊かに実るように、家族が元気で暮らせるように約束してくれる神様です。

☆**おせち料理**：「めでたさを重ねる」という意味で縁起をかつぎ重箱に詰めて出されます。黒豆・数の子・田作り・海老・昆布巻き・きんとんなど重箱に詰められる料理には願いや意味が込められています。

（参考文献 「子どもに伝えたい年中行事」…萌文書林編集部1998 より）

第1章　そのまま保護者会資料

1年生　年度末（3月）
1年間の成果を伝え、成長を実感できる資料

　入学してまもなく1年が経とうとしています。子どもたちはそれぞれに成長しました。1年生の年度末の保護者会では、この1年間で子ども達がどれだけ成長したか、分かりやすく振り返りができると保護者も担任に大いに感謝し、気持ちよく1年を締めくくることができます。

　1年生の3月の保護者会では、次の資料を配布し、話題に取り上げると良いでしょう。
　　①「1年間の子どもの成長が分かるチェックポイント表」
　　②「1年生でできるようになったこと」
　子どもの成長を確認することができる資料

　学習や生活をチェックすることで、1年間の復習ができ、春休みに次の学年への準備をすることができます。

保護者の不安を理解しておこう

　入学してまもなく1年がたとうとしていますが、保護者は、「まだまだ甘えん坊で、幼稚園のときと変わりません」と、子どもの成長をなかなか実感できていないようです。
　保護者会では、「1年間の成長が分かるチェックポイント表」や「1年生でできるようになったこと」という資料を配布します。
　1年生の保護者は、特に不安や心配が多いものです。項目ごとに子どもを見つめ、チェックすることで、子どもの成長を実感することができるでしょう。これは、保護者の安心にもつながります。

1年生　年度末（3月）

１年保護者会資料　　　月　　　日

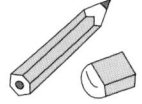

1年間の子どもの成長が分かる15のチェックポイント

- ☐　①毎日鉛筆を自分で削ることができる。
- ☐　②次の日の持ち物の準備ができる。
- ☐　③ノートの文字がていねいに書いてある。
- ☐　④漢字テストで100点を取ったことがある。
- ☐　⑤一人で読書することができる。
- ☐　⑥20までのたし算ができる。
- ☐　⑦20までのひき算ができる。
- ☐　⑧鍵盤ハーモニカを吹くことができる。
- ☐　⑨一人で後片づけができる。
- ☐　⑩あいさつができる。
- ☐　⑪家で机に向かうことができる。
- ☐　⑫外で遊ぶことができる。
- ☐　⑬植物に水をやることができる。
- ☐　⑭家で友だちのことを話すことができる。
- ☐　⑮朝ごはんを食べることができる。

　お子さんの1年間の成長は、いかがでしたか。4月に比べて、成長を感じられたはずです。お子様を褒めてあげることを書いてください。

感想

第1章　そのまま保護者会資料

| 1年保護者会資料　　　月　　　日 | |

1年生　こんなことができるようになりました

　1年間、学習してきた主な内容です。お子さんとできるようになったことを確認してください。確実にできると考えられるものは◎、だいたいできると考えられるものは○、まだまだと考えるものは△に印をつけます。

国語

	◎	○	△
ひらがなを書くことができる。	◎	○	△
ひらがなを間違えずに読むことができる。	◎	○	△
かたかなを書くことができる。	◎	○	△
かたかなを間違えずに読むことができる。	◎	○	△
大きな声で本を読むことができる。	◎	○	△
話している人を見て、聞くことができる。	◎	○	△

算数

	◎	○	△
20までのたし算ができる。	◎	○	△
20までのひき算ができる。	◎	○	△
数を正しく数えることができる。	◎	○	△

生活

	◎	○	△
1年生の教室の場所を教えることができる。	◎	○	△
職員室に一人で行くことができる。	◎	○	△
公園にあったものを絵に描くことができる。	◎	○	△
公園で活動したことを話すことができる。	◎	○	△

音楽

	◎	○	△
歌を大きな声で歌うことができる。	◎	○	△
合奏をすることができる。	◎	○	△

体育

　　鉄棒で練習することができる。　　　　　　　　◎　○　△

　　ボールを投げることができる。　　　　　　　　◎　○　△

　　色々な鬼遊びをして体を動かすことができる。　◎　○　△

　　マットの上で回転ができる。　　　　　　　　　◎　○　△

学級活動

　　学級目標を言うことができる。　　　　　　　　◎　○　△

　　自分の係の仕事を忘れずにできる。　　　　　　◎　○　△

　　お楽しみ会で役割を楽しむことができる。　　　◎　○　△

　△がついたものは、見直しが必要です。春休みを利用して、もう一度復習に取り組んでみましょう。

2年生はどんな学年？

①1年生に学校のことを教えます。

②学校のルールを守って生活します。

③句読点や助詞を使って文章を書きます。☆かけ算九九を覚えます。

④友だちとなかよく過ごします。

学年末と学年始めの行事は、

3月　　日（　）卒業式		3月　　日（　）修了式
3月　　日（　）〜4月　　日（　）春休み		
4月　　日（　）1学期　始業式・着任式		
4月　　日（　）入学式		4月　　日（　）離任式

大切な式が続きます。式の意味を考え、心を込めて参加できるように指導していきます。ご家庭でも服装の確認などのご協力をよろしくお願いします。

第1章　そのまま保護者会資料

> **2年生　新学期（4月）**
>
> # 1年間の学習の見通しや子どもの成長に関する資料

　1年間の学校生活を送り、経験を積んだ2年生は、1年生のころとは行動範囲が変わってきます。いろいろな問題が起こることに成長や不安を感じる保護者もいます。保護者の不安を解消する資料を用意し、第1回目の保護者会に臨みましょう。

　2年生の4月の保護者会では、次の資料を配布し、話題に取り上げると良いでしょう。
　　①学習指導要領に基づく2年生の学習について
　　②2年生の心と身体の特徴

　2年生になると、学校に慣れたこともあり、友達関係がぐんぐん広がっていきます。リーダー意識が芽生えたり、友達を意識したりできるようになってくるのもこの時期です。同時に、けんかやささいなトラブルも増えてきます。上記のような2年生の特徴について、内容をプリントにまとめ、保護者会で話すとよいでしょう。
　学校の教育目標や学年目標、学級目標、年間行事予定、2年生で学習することを書いたプリントもあわせて配布するとよいでしょう。
　働いている保護者も多いです。年間行事予定があると、大きな行事の日にちを前もって確認することができて便利です。
　4月の保護者会は、担任の方針をアピールできるチャンスです。各学校によって、子どもの実態、子どもにつけたい力などが違ってくると思いますが、資料を活用してください。

保護者の不安を理解しておこう

　2年生になると「友達とトラブルが増えています。友達関係はどうなっていますか？」「ちゃんと外で遊んでいますか？」などの友達に関する相談事が増えてきます。
　1年間の学習の見通しや2年生の心や身体についての資料は、4月の保護者会のポイントです。

2年生　新学期（4月）

| 2年保護者会資料　　　月　　　日 |

2年生の特徴（心と身体の発達について）

1．好奇心が旺盛になる（こころ）

　2年生になると、学校生活に慣れ、自分から進んで楽しめるようになります。

　「あれもしたい、これもしたい」と好奇心が旺盛になり、目標に向かって積極的に努力しようとする気持ちが芽生えます。反面、まだまだ自己中心的な面もあります。

　子どもの発想力、表現力、感性を育てていくよう、いろいろな体験を取り入れながら学習していきます。

2．自分判断で行動する（せいかつ）

　2年生になると、ルールを守ろうと自分で判断して行動できるようになります。挨拶や質問、報告も上手になってきます。

　1年生のお手本となって行動できるような声かけをしていきます。学校生活の中で、正しい判断を褒め、危険な行動や間違った判断はしっかり指導していきます。

3．相手の気持ちを考える（友だち）

　2年生になると、友達同士で共感しあったりぶつかりあったりしながら多くのことを学んでいきます。人間関係を深めていくためには、けんかも大切なことです。けんかは、相手の気持ちを考える大切な経験です。相手の言い分をじっくり聞いて、自分の気持ちをおさえることも学んでいきます。

　幅広い人間関係の中で学習しながら、友達のよさを発見し、集団で活動する楽しさを感じさせたいと思います。常に子どもたちの声に耳を傾け、一人一人と担任がしっかり信頼関係を結んでいきます。

| 2年保護者会資料 | 月　　日 |

2年生の学習

国　語
　今までの学習指導要領で「話すこと・聞くこと」「書くこと」「読むこと」の3領域で構成していた内容が、〔知識及び技能〕及び〔思考力、判断力、表現力等〕に構成し直されました。人との関わりの中で伝え合う力を高め、順序立てて考える力を育て、自分の思いや考えをもつことなどができるように学習していきます。句読点の打ち方，かぎ（「　」）の使い方、片仮名で書く語の種類を理解して文や文章の中で正しく使えるようにします。

算　数
　「計算ができる」などの知識及び技能だけではなく、計算の意味や仕方を考えたり説明したりする思考力・判断力・表現力も身に付けていきます。「2位数のたし算やひき算」「3位数のたし算やひき算」「かけ算」「長さや体積の単位」「三角形」「四角形」「直角三角形」「簡単な分数」について学習していきます。九九を知り、1位数と1位数のかけ算が確実にできるようになることが大切です。

生　活
　まちたんけんや植物を育てるなどの具体的な活動や体験を通して、身近な生活に関わる見方・考え方を生かし、自立し生活を豊かにしていくための学習をしていきます。見付ける、比べる、たとえる、試す、見通す、工夫するなどの多様な学習活動を行います。自分の手で野菜を育てたり生き物を飼育したりする中で、自然や生命を大切にしようとする気持ちを育てます。

音　楽
　身体表現をたくさん取り入れ、歌ったり聴いたり、音楽活動の楽しさを感じながら学習していきます。鍵盤ハーモニカを吹いたり、打楽器を使って演奏したりしながら音楽に親しみます。生活の中にある音に耳を傾けたり、様々な音を探したりして音の面白さを知ってほしいです。

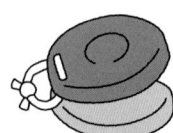

2年生　新学期（4月）

図画工作

　絵や立体、造形遊びなどの活動を通して、身近で扱いやすい材料や用具に十分に慣れるようにします。並べたり、つないだり、積んだりする手や体全体の感覚を働かせ、工夫して作品をつくっていきます。また、自分や友達の作品などを見て楽しんだり、感じたことを話し合ったりします。

> ☆★　お　願　い　★☆
> はさみ、のりなどの他に、活動内容によって材料や用具が必要となります。ペットボトルや空き箱、ビニル袋などご家庭のご協力をお願いします。包装紙やリボンなども日頃から集めておいてくださると助かります。準備物につきましては、子供たちを通じて連絡していきます。

体　育

　だれとでも仲よくし、簡単なきまりを守ったり、活動を工夫したりしながら、楽しく学習していきます。体つくりの運動遊びや鉄棒遊びやボール遊び、まねっこ遊び、マット遊びなどを行います。力いっぱい活動することを通して、体力の向上を目指します。用具の準備や片付けも友達と一緒に協力して行っていきます。

特別な教科である道徳

　健康や安全に気を付けること、物や金銭を大切にすること、身の回りを整えることなどの基本的な生活習慣を、確実に身に付けられるように学習します。幼い人や高齢者、身近にいる人に親切にすることで、相手の立場に立って考えることを学んだり、みんなのために働くことが気持ちのよいことに気付いたりします。行ってよいことと悪いことの区別がしっかりとでき、社会生活上のルール、基本的な生活習慣が身に付くよう学習していきます。

特別活動

　集団の一員としての自覚を深め、協力してよりよい生活を築こうとする自主的・実践的態度を育みます。学級目標や係の仕事について話し合ったり、役割を決めたりします。よりよい人間関係を築く社会的スキルを身に付けるための活動を行います。友達と仲よく助け合い、学級生活が楽しくなる活動について考え、実行できる態度を育てます。

第1章　そのまま保護者会資料

2年生　夏休み前（7月）
夏休みの過ごし方、自由研究について知らせる資料

　夏休みには、規則正しい生活を送ってほしいと思っていても、つい、それが崩れてしまいがちです。夏休みには、1学期の復習はもとより長い夏休みにしかできない学習やお手伝いをすることができます。

　特に、夏休みの過ごし方について、保護者会で話題にし、夏休み前の保護者会をスムーズに進行しましょう。

　2年生の7月の保護者会では、次の資料を配布し、話題に取り上げると良いでしょう。
　　①2年生の夏休みの生活、学習法について
　　②自由研究について

　夏休みの課題のためにどこかに旅行したり、イベントに参加したりできたらそれが何よりですが、家庭でも夏休みだからこそできる簡単な実験や体験もあります。課題や自由研究は、学校によって異なりますが、おすすめの物を紹介します。夏休みに様々な団体が募集しているコンクールなどに応募する作文や工作、作品を作ることも自由研究の一つです。

保護者の不安を理解しておこう

　長い夏休みを前に、「自由研究はどんなことをすればいいのですか」「家庭学習で気を付けるといいことは何ですか」という質問があるかもしれません。また、行動範囲の広がる2年生だからこそ、遊びに行くときの危険な場所を確認することも必要になってくるでしょう。
　夏休みを安全に規則正しい生活を送るための資料と自由研究の情報を7月の保護者会に準備しました。

2年保護者会資料　　　月　　　日

2年生の夏休み　学習と生活

　家庭学習の時間は、主に学年×10分～15分と言われています。2年生であれば20分～30分になります。たかが20分ですが、されど20分、みっちり集中して行うにはとても長い時間ともいえます。夏休みは、特に午前中なのか、午後なのかどの時間に勉強するのか決めるとよいでしょう。

1. 家庭学習は机の前に座る習慣を

　机の前に座る習慣を作ることが大切です。

　習慣化させることにより様々な効果が見られます。習慣づけがされている子どもは、不思議なことに忘れ物がほとんどありません。逆にできていない子どもは、忘れ物が多いのです。

2. 命を大切に親子で登下校の通路や危険場所の確認を！

　ふだんの日曜日とちがい、夏休みのような長い休みは、遊びに行くエリアが変わってきます。信号機のない交差点や歩道のない狭い道路、用水路や工事現場など、危険場所について話し合っておきましょう。

　出かける前に「いつ、どこに、だれと」出かけるか、きちんと伝える習慣を身に付けることも大切です。

3. お手伝い

　夏休みの計画を立てるときに、毎日1つ、できるお手伝いを決めて、実行できるようにしましょう。人の役に立てたことが自信になり、生活面や学習面での「やる気」につながります。家での役割分担を任されることで、家族の一員としての自覚をもつことができます。また、生活経験の1つ1つが子どもたちにとっては大切な学びになります。

　しかし、子どもの成長に役立つことはわかっていてもお手伝いをさせるためには、親の方にもある程度の忍耐力が必要でしょう。お箸並べや洗濯たたみなどの簡単なものから始めるとよいかもしれません。子どもたちと何をするか相談することもできます。

2年保護者会資料　　　月　　　日

夏休みの自由研究のテーマⅠ

【地域の特色ある場所にでかけよう】

ものを作ったり、実験をしたりすることだけではありません。自分が住んでいる地域の自然も知ることも自由研究の1つです。

1、2年生の生活科の中には、季節探し、町探検（お気に入りの場所を紹介）などと学校の周りに出て行くことがあります。まずは、親子で探検に出かけてみましょう。

1. どこに？

地域の特色のある場所ならどこでもいいでしょう。川や山、海に出かけ様々な発見をし、新しいことを見つけてみましょう。鎮守の森に囲まれた神社や静かなお寺も親子で行く場所として良いでしょう。

2. どんなことを？

スケッチブックやカメラがあると便利です。主に、スケッチブックにはその日の行程や時間、行ったことを記録します。また、その時感じたこと、目に付いたものを絵や文で記録することもおすすめです。目についたものもカメラで記録し、後でスケッチブックに貼り付けるとより効果的です。花や木の実、貝殻などの採集が可能なら標本にしたり、記録の際に、花びらの枚数、形、色、葉の形など詳しく記録したりするとよいでしょう。

3. 行ってきた後に？

記録してきたものを再度、家で調査します。親子で分析、整理することで新たな発見が得られます。失敗しても「研究」の過程では必要なことです。なぜ失敗したのかを分析してもいいでしょう。どうしてもわからないときは、あれこれ親子で想像して予想を書いてみるのもよいでしょう。研究した後にまとめる時間が必要です。時間に余裕をもって行うと安心です。

夏休みの自由研究のテーマⅡ

【日常生活の中からみつけて研究しよう】
　自宅でも自由研究はできます。どこかへ行かなければ自由研究はできないというわけではありません。家の庭でも十分に取り組むことができます。

1. 紫(むらさき)キャベツの実験をしよう
　紫キャベツをみじん切りにし、よく煮込みます。次に紫の煮汁だけを別の容器に入れます。紫の液体をいろいろなものに混ぜます。（雨　水道の水　酢　石鹸水など）液を混ぜて色が変わるという現象はとてもおもしろく、普段飲んでいる飲料水や温泉の水等がどんな色になるのか調べることが、理科の学習につながっていきます。

2. 虫の観察をしよう
　地面の上に、果実を置いておくといろいろな虫がよってきます。虫たちをはじめ、自然の中にはたくさんの分解者がいます（蟻　ダンゴムシ　カナブン　ナメクジなど）。

　置いておいた果実を定期的にカメラや絵にして観察することで大変興味深い結果が得られます。昼と夜の観察をすると集まってくる昆虫の種類も違います。なんと数日後には、置いていた果実が跡形もなく地面からなくなってしまいます。なぜ消えてしまったのか親子で調べてみるのもいいでしょう。

3. 塩の結晶をつくろう
　まず、アルミニウムの針金の先に木綿糸を巻きつけます。次に、糸のついた針金を好きな形に曲げます。（モールでも可能）この針金を割り箸からたらすように取り付けます。その次に、水を温めながら1リットルにつき400gの不純物の少ない塩を入れます。沸騰した水面に塩の結晶がみえたら割り箸をかけます。暗い所に置き、一日以上時間をかけてゆっくり冷やすことがポイントです。糸に結晶がついて大きくなっていきます。糸で形をつくるといろいろな形の結晶になります。

第1章　そのまま保護者会資料

2年生　冬休み前（12月）
大切な習慣や冬休みの過ごし方についての資料

　冬休みには、普段会えない親戚の方ともあいさつする機会が増えます。年末年始には「よいお年をお迎えください」「あけましておめでとうございます」など、この時期に必要なあいさつがあります。夏休みと違い、近所の人や友達、いろいろな人にたいして、進んであいさつができる機会が多いのが冬休みです。
　2年生の保護者会では、あいさつや自分でできることを増やす大切さも話題にするといいでしょう。

　2年生の12月の保護者会では、次の資料を配布し、話題に取り上げると良いでしょう。
　　①必要な習慣について
　　②日本の伝統文化について

　冬休みは、おじいちゃんおばあちゃんや親戚など、遠方に住んでいて会えない人たちに会う機会もあります。あいさつや返事をしっかりできるように声かけしたり、礼儀について、家族で考えたりできるチャンスです。
　冬休みに取り組むための資料を用意しました。

保護者の不安を理解しておこう

　子どもたちが朝のあいさつをほとんどしなかったり、「やりなさい」と言われないと行動できなかったりするときに、どうすればいいか悩んでいる保護者もいます。
　子どもたちにとって大切なことや日常の生活を振り返るための資料が保護者に喜ばれます。
　この時期、躾(しつけ)に関わる情報が保護者にとって貴重です。

2年生　冬休み前（12月）

2年保護者会資料　　　月　　日

この三つができれば立派な人に

　子どもから大人になっていくにはしつけが必要です。「躾」は身を美しくすることと言われたり「しつけ」はし続けることとも言われたりしますが、その通りです。森信三氏は戦前、戦後を通じて教育界で力を尽くされた方です。三つのことを提唱しました。

1. あいさつができる

　親があいさつをし続けることで子どもも自然とあいさつをするようになります。大人からあいさつするのは、当然のことです。進んで自分からあいさつできた時は、褒めるチャンスです。子どものあいさつに関心を持っていれば好機を逃さないでほめることができ、よいサイクルをつくります。

2.「ハイ」と返事ができる

　名前を呼ばれたら「ハイ」と、元気よく返事ができることはそんなに簡単なことではありません。身につくまでには大人の手本や声掛けが必要です。返事は周りを元気に明るくします。返事が身につけば、人との関わりも広がります。

3. はきものを脱いだら揃える・椅子を机の中に入れる

　お父さんが、娘さんと知り合いの家に出かけました。2年生の女の子は、玄関で靴を脱ぎ、自分のぬいだ靴の向きを変え揃えました。お父さんは、娘さんのその行動に感激しました。娘さんは、いつの間にか、靴を揃えるという大切な礼儀を身につけていたのです。口うるさく指導しなくても、家族の何気ない行為が日々目にとまり、娘さんを育てたのです。また、席を立った時は、自然といすを入れられるようになってほしいものです。

2年保護者会資料　　　　月　　　日

必要な習慣を身につけよう

　冬休みは外の寒さに負けて家の中でばかり過ごすことが多くなりがちです。大変な無理をする必要はありませんが、多少の我慢は耐性をつけるためにも必要です。

1. 衣服の調節は自分で

　「Aちゃん、寒くなったから上着を着ましょう」「部屋の中では上着を脱ぎましょう」と言われなければ、自分で上着の脱ぎ着ができない子どもがいます。毎回声をかけていると、自分で考える必要はありません。子どもが自分で判断できるようになるために、段階を追って親が見守ることも大切です。

2. 外で遊ぶ習慣を

　私が子どものときは「子どもは風の子」とよく言われていましたが、寒い日に外で遊ぶ子どもをあまり見かけなくなりました。何か一つ、外でできることに挑戦してみましょう。

手軽にできるなわとび遊び

【なわの長さ】

　肩の高さ→胸の高さ→おへその高さ

　長さを変えると難易度UP

【跳び方】

　基本のフォーム

　・肩の力を抜く。

　・脇をしめる。

　・くつをそろえずに少しずらす。

　・背中をまっすぐ伸ばす。

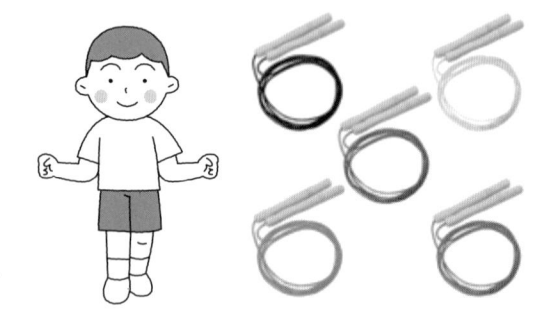

　東京教育技術研究所（問い合わせ TEL0120-00-6564 または 03-3787-6564）の「スーパーとびなわ」がお勧めです。市販のなわとびと比べると柄が長く、遠心力がつきます。

お正月ならではの遊びに触れよう

　お正月をひかえておじいさんやおばあさん、おじさん、おばさんなど親戚の人と触れ合ういい機会です。また、生活科の学習で日本の伝統的な行事や遊びを調べるために、学校が協力をお願いする場合もあります。ぜひ、冬休みだからこそできることに家庭で挑戦してみましょう。

1．伝統的な遊びに挑戦

五色百人一首

　五色百人一首は普通の百人一首とは少し違います。百枚を五色にわけてあり、一色二十枚です。数が少ないため短い時間で試合ができます。さらに、取り札の裏に上の句が書かれていて、試合の間に裏を見て覚えます。「覚えている子ほど勝てる」のです。まずは最初の一首を覚えましょう。そしてカルタ遊びの要領で楽しく遊びましょう。

たこあげ

　ビニール袋または和紙と竹ひご、たこ糸があれば手作りのたこを家で作ることができます。左右のバランスがよければ自分の好きな形へ自由に変えられる楽しさもあります。「電柱の側でやらない」「電線の近くで遊ばない」「校庭などの広い場所で遊ぶ」など、いくつか気をつければ手軽にあげられます。

ふくわらい

　顔の輪郭が描かれた紙の上に、目・鼻・口・耳などの顔のパーツを、目隠しをして置いていく遊びです。友達や家族、周りの声を参考に置く場所を決めることもできます。おかめやお多福などの絵柄が多く「笑う門には福来る」と縁起がいいことから正月にふさわしい遊びになったそうです。

その他

　その他にも「こま」「羽根つき」など伝統的な遊びはたくさんあります。

第1章　そのまま保護者会資料

2年生　年度末（3月）
成長を実感し褒めるポイントを見つける資料

　入学してまもなく2年が経とうとしています。「低学年」としての時期が終了し、「中学年」になっていきます。子どもたちはそれぞれに成長しました。
　この1年間で子ども達がどれだけ成長したか、分かりやすく振り返りができると保護者も担任に感謝し、1年を締めくくることができます。

　2年生の3月の保護者会では、次の資料を配布し話題に取り上げると良いでしょう。
　　①子どもの成長が分かるチェックポイント
　　②2年生でできるようになったこと
成長を確認することができる資料

　保護者に感想を書いてもらいましょう。普段、なかなか成長を実感できないかもしれませんが、改めて考えてみると、ぐんと成長しているはずです。その成長を認め、子どもたちを褒めるといいことを伝えましょう。

保護者の不安を理解しておこう

　保護者から「最近、勉強について話さないようになってきています」「学校でちゃんとやっているのでしょうか」という質問を受けることがあります。
　保護者会では、子どもたちの成長の様子を詳しく伝えると良いでしょう。また、「年間の成長が分かるチェックポイント表」や「2年生でできるようになったこと」という資料を配布します。
　自分でチェックすることで、より子どもの成長を実感することができるでしょう。実感することが安心することにもつながります。子どもたちの成長を伝えるよい資料を掲載しました。

| 2年保護者会資料　　　月　　日 |

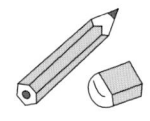

1年間の子どもの成長が分かる15のチェックポイント

- ☐ ①翌日の準備が自分でできる。（ふでばこの中身の確認など）
- ☐ ②習った漢字を使って、文章を書くことができる。
- ☐ ③漢字テストで100点を取ったことがある。
- ☐ ④点や丸を使って、文章を書くことができる。
- ☐ ⑤「は」「へ」「を」を正しく使って文章を書くことができる。
- ☐ ⑥一人で読書ができる。
- ☐ ⑦一の段から九の段までの九九を言うことができる。
- ☐ ⑧1日に20分は机に向かうことができる。
- ☐ ⑨時計を見て、行動できる。
- ☐ ⑩元気にあいさつができる。
- ☐ ⑪外で遊ぶことができる。
- ☐ ⑫家で友だちのことを話すことができる。
- ☐ ⑬友だちに自分から声をかけることができる。
- ☐ ⑭片づけまでできる。
- ☐ ⑮朝ごはんを毎日食べることができる。

　子どもたちは1年間で学習はもちろん、心も体も大きく成長しました。
　このチェックポイントで確認し、できるようになったことを実感してください。そして、お子さんを褒めてあげてください。これからも学習だけでなく、心も体も成長していくお子さんを見届けてほしいと考えています。
　チェックを終えて感じたことを書いておくことをお勧めします。

感想

2年保護者会資料　　　月　　　日

2年生 こんなことができるようになりました

学習について

　1年間経って、お子さんとできるようになったことを確認してください。学習だけでなく、心も体も成長したことでしょう。確実にできると考えられるものは◎、だいたいできると考えられるものは○、まだまだと考えるものは△で印をつけてみましょう。

国　語

	◎	○	△
文章に「。」や「、」を使うことができる。	◎	○	△
文章に「　」（かぎ）を使うことができる。	◎	○	△
文章に「は」「へ」「を」を使うことができる。	◎	○	△
習った漢字を読んだり書いたりすることができる。	◎	○	△

算　数

	◎	○	△
3けたのたし算のひっ算ができる。	◎	○	△
3けたのひき算のひっ算ができる。	◎	○	△
ものさしで長さを測ることができる。	◎	○	△
mとcmとmmを書くことができる。	◎	○	△
かけ算九九を言うことができる。	◎	○	△
10,000までの数の大小がわかる。	◎	○	△

生活科

	◎	○	△
育てている植物に忘れず水やりができる。	◎	○	△
育てている植物を観察したり、絵をかいたりできる。	◎	○	△
虫を観察することができる。	◎	○	△

図画工作

	◎	○	△
絵を描くことを楽しむことができる。	◎	○	△
作ったもので遊ぶことができる。	◎	○	△
作品を見て思ったことや感じたことを伝えることができる。	◎	○	△

2年生　年度末（3月）

生活について

歩道を安全に歩くことができる。	◎	○	△
朝のあいさつを進んですることができる。	◎	○	△
机のまわりの整理整頓をすることができる。	◎	○	△
自分の当番や係の仕事を行うことができる。	◎	○	△
休み時間が終わったら、教室に戻ることができる。	◎	○	△

△がついたものは、見直しが必要です。春休みを利用してもう一度、できなかった問題に取り組んでみましょう。3年生へのスムーズな進級につながります。

3年生はどんな学年？

　3年生から、「生活科」が「理科」「社会」に変わり、新しい教科「総合的な学習の時間」が加わります。主な学習内容は、理科では生き物の観察、実験などです。社会では、自分たちの住んでいるまちについて学習をします。総合的な学習の時間では、国際理解、情報、環境、福祉、子どもたちの興味関心に基づく課題などについて学習します。

学年末と学年始めの行事

```
3月　　日（　）卒業式　　　3月　　日（　）修了式
3月　　日（　）〜4月　　日（　）春休み
4月　　日（　）1学期　始業式・着任式
4月　　日（　）入学式　　　4月　　日（　）離任式
```

大切な式が続きます。式の意味を考え、心を込めて参加できるように指導していきます。ご家庭でも服装の確認などご協力をよろしくお願いします。

第 1 章　そのまま保護者会資料

> **3 年生　新学期（4 月）**
>
> # 1 年間の学習の見通しや子どもの成長に関する資料

　3 年生は中学年になり学習面でも行動面でも意欲的になる時期です。何に対してもさわってみたい、見てみたい、やってみたいという知りたがり屋、やりたがり屋の時期です。この意欲を学習や生活に生かせるように保護者が見通しをもち、子どもを応援できるような資料を用意しましょう。

　3 年生の 4 月の保護者会では、次の資料を配布し、話題に取り上げ理解を得ましょう。
　　①学習指導要領に基づく 3 年生の学習について
　　②3 年生の心と身体の特徴

　4 月の保護者会では、「3 年生で学習すること」や「3 年生の心と身体に関するプリント」を準備し、配布しましょう。資料があれば、欠席された方にも配布し、情報を共有することができます。
　3 年生になると、教科の数が増えます。社会や理科、総合的な学習の時間は、どんなことを学習するのかを伝える分かりやすい資料を用意しましょう。保護者会では、「子どもに学力をつけるために、こんな学習をします」と明確にお知らせすることが大切です。校外学習など、4 月の保護者会で見通しを立て、協力を依頼しておけば、いざという時に手伝ってくれます。
　学習面の資料は、学習指導要領の教科目標を参考に作成しました。

保護者の不安を理解しておこう

　3 年生になると、教科数が増えます。社会や理科、総合的な学習の時間に、どんなことを学習するのかが保護者の気になるところです。
　また、3 年生から中学年とよばれますが低学年と比べ、心と体にどのような変化があるのかを知りたい人が多くいます。

3年生　新学期（4月）

3年保護者会資料　　　　月　　　日

3年生の特徴（心と身体の発達について）

1. ギャングエイジ

　3年生になると、友達と集団で行動するのを好む、「ギャングエイジ」とよばれる時期へと突入します。グループは、遊びを中心に強く結びつき、たえず行動をともにします。時には、いたずらや悪いこともします。グループができると、後からそのグループに入るのは難しいほど、結束が強くなっていきます。グループの中でうまれるルールを通して、子どもたちはいろいろなことを学びます。子どもが大人になるために意味のある時期でもあります。

2. 自我が目覚める

　自己主張が強くなってきます。自分の考えを言い通そうとしたり、けんかが起きたりします。お互いの考えを聞きながら解決していけるよう、コミュニケーションを図っていきます。また、テストの点数を気にしたり、間違って恥ずかしい思いをしたくないと手を挙げなくなってしまったりするのもこの時期からです。反対に、よい結果が生まれると自信をもち向上していきます。

3. 何にでも興味津々

　面白いと思ったことには、集中して取り組みます。「先生、もっと難しい問題を出して」と求めたり、「こんな方法もあるよ」と新しいアイデアを考えたりします。反面、興味が持続せず雑になることがあります。子どもを見守ることが、興味や関心を広げ、自信を持たせることにつながります。

4. 行動的になる

　素早い動きができるようになり、競争心やグループ意識も芽生えてくるようになります。行動範囲が広がり、汗びっしょりになって遊びます。子どもの様子をしっかり把握しながらも、注意ばかりせず、見守れる余裕を持つことが保護者にとって必要です。

3年保護者会資料　　　　月　　　日

３年生の学習

国　語
　今までの学習指導要領で「話すこと・聞くこと」、「書くこと」、「読むこと」の３領域で構成していた内容が、〔知識及び技能〕及び〔思考力、判断力、表現力等〕に構成し直されました。人との関わりの中で伝え合う力を高め、筋道立てて考える力を育て、自分の思いや考えをまとめることなどができるように学んでいきます。国語辞典の使い方やローマ字の学習もします。毛筆書写が始まります。

社　会
　自分たちの住んでいるまち・市区町村について学習します。まちの特徴、まちで働く人々、地域の安全を守るための活動や、地域の様子の移り変わりなどを調べる活動を通して、自分たちのまちについて理解し、まちへの誇りと愛情を育てます。八方位や地図記号についての学習もしていきます。

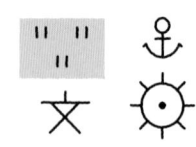

算　数
　「計算ができる」などの知識及び技能だけではなく、計算の意味や仕方を考えたり説明したりする思考力・判断力・表現力も身に付けていきます。「３位数や４位数のたし算・ひき算の計算」「２位数や３位数に１位数や２位数をかけるかけ算」「わる数と答えが共に１位数であるわり算」「簡単な小数、分数の表し方」「二等辺三角形、正三角形、円、球」「そろばん」などの学習をします。複数の棒グラフを組み合わせたグラフの読み取りなどの内容が加わりました。

理　科
　育てる植物を決めて、種から枯れるまで観察を行います。身近な昆虫の観察も行います。風やゴム、豆電球や磁石など実験を通して学ぶ学習もあります。予想をたて、実験し、結果をまとめていきます。「太陽の動きと影の動き」「日なたと日影」などでは、見付けた課題を追求していきます。

音　楽
　リコーダーの学習が始まります。リコーダーや付属品に名前の記入をお願いします。曲の特徴によって歌声を変えたり、演奏の仕方を変えたりする学習をします。二部合唱にも取り組み、歌声がきれいに響き合うことにも気付かせていきます。

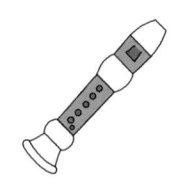

図画工作
　絵や立体、造形遊びなどの活動を通して、材料や用具を適切に扱うとともに、

経験を生かし、組み合わせたり、切ってつないだり、形を変えたりするなどして、手や体全体を十分に働かせ、活動を工夫して、作品をつくっていきます。

> ☆★ お 願 い ★☆
> 絵の具セットやはさみ、のりなどの他に、活動内容によって材料や用具が必要となります。学校で一括購入する場合もありますが、ペットボトルや空き箱、ビニル袋、包装紙など身辺材料はご家庭のご協力をお願いします。準備物につきましては、学年便りや子供たちを通じて連絡します。

体　育

　自分の課題をもち、活動を工夫しながら、リレーやマット運動、鉄棒、ボールゲームなどを楽しく運動します。保健の時間は、「けんこうな生活」について学習します。

特別な教科である道徳

　自分でできることは自分でやり、安全に気を付けよく考えて行動できるなどの基本的な生活習慣を身に付ける学習をします。相手のことを思いやり進んで親切にすること、約束や社会のきまりを守ることなどについて考えを深められるように学習します。自分自身に関すること、人との関わり、集団との関わり、生命や自然に関することなど、教育活動全体を通して学習していきます。

外国語活動

　「聞くこと」「話すこと」を中心とした活動を通して、外国語の音声や基本的な表現に慣れ親しむ学習をします。外国語を通して、言語やその背景にある文化に対する理解を深め、相手に配慮しながら、主体的に外国語を用いてコミュニケーションを図ろうとする態度を養っていきます。

総合的な学習の時間

　食育（国語と連携）、地域（社会科と連携）、環境（社会科や理科と連携）、情報・プログラミングなどの横断的・総合的な課題や子供たちの興味・関心に基づく課題などに取り組みます。子供たちがよりよく課題を解決し、生き方を判断していく力が身に付くように、教科の枠を超えた学習をすすめていきます。

特別活動

　3年生になると、学級の中での個々の結び付きが強くなってきます。興味や関心を生かし、自分から進んで取り組む態度を育てます。また話し合いや活動の中で、自分の意見を言い、相手の考えも理解しようとする態度を育てます。集団の決まりや遊びのルールを話し合ったり、話し合って決めたことを守ったりする大切さを学びます。

第1章　そのまま保護者会資料

3年生　夏休み前（7月）
はじめての社会・理科を自由研究に生かす資料

　夏休みは、これまで学習したことをしっかり定着させる大きなチャンスです。また、普段できないことにチャレンジするよい機会です。はじめて習う教科（社会・理科）も加わりました。社会や理科で学習したことを踏まえ、この夏に取り組める自由研究や工作のヒントになることを話題にしましょう。

　3年生の7月の保護者会では、次の資料を配布し、話題に取り上げると良いでしょう。
　　①夏休みの自由研究のヒント
　　②夏休みの課題、工作編、理科編

　3学期制の学校では、夏休み前に通知表が配られます。夏休みは1学期の復習をする絶好の機会です。7月の保護者会では、通知表に示された1学期の結果を踏まえ、夏休みに取り組むべきことを親子で話し合えるような話題を取り上げましょう。

保護者の不安を理解しておこう

　3年生はやっと自分のことは、自分でできるようになり、夏休みも保護者は低学年の時より安心してむかえます。そんな中でも心配なことのひとつが夏休みの宿題です。
　家庭訪問の際に「毎年、夏休みには自由研究で何を取り組んだらよいのか困っています」と相談されました。
　はじめて習う教科（社会・理科）を発展させた自由研究の取り組みを掲載します。

3年保護者会資料　　　月　　　日

自由研究のヒントⅠ—新聞・旅行記

【夏休み新聞】

　社会科などで見学したことを新聞にまとめた経験を生かし、家族との夏休みの思い出を新聞にします。

　夏休みの終わりごろに思い出の写真や絵を取り入れながら、親子で新聞作りをします。B4の画用紙などに枠を書いてあげるとよいでしょう。

【思い出を旅行日記に】

　夏に出かけたことや旅行の思い出をまとめます。

　旅行したときの切符、パンフレット、地図、入場券、名勝地の説明書、おみやげのパンフレットを取っておいて順に貼っていきます。さらに、その時に撮った写真と共に、自分の感想やエピソードも書き入れます。画用紙、色画用紙をつなげたり、1冊のノートに作ってみたりするのもよいでしょう。

　アルバムを再利用してフィルムの中に記事などを挟んでおくと見栄えがよくおすすめです。

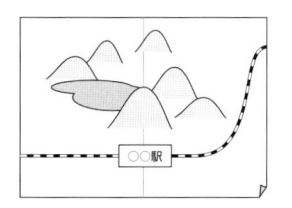

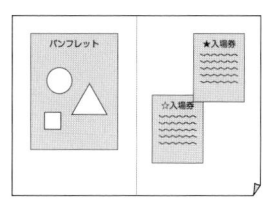

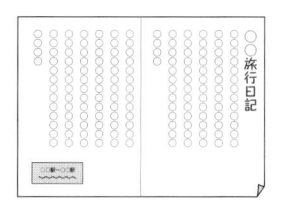

3年保護者会資料　　　　月　　　日

自由研究のヒントⅡ―工作編

【箱の中に海の世界を】

①家にある余った空箱のふたではない方を使います。

②図のように立てて、内側を海のなかに見立てて色を塗ります。

③海底に当たる部分に画用紙などで岩や海草をつくり、好きなところに置きます。

④次に、タイやヒラメなどの魚を画用紙で作って図のように天井部分から一匹ずつヒモで吊ります。

最後に透明セロファン紙（サランラップ）で蓋をしてできあがりです。

【おきあがりこぼし】

①まず、生卵のとがった方に小さな穴を開けます。そこからストローを差し込み中身を吸い出し、空にします。

②その穴へ溶かしたロウと太い針金を短く切った物を入れます。（これがおきあがりこぼしの重りになります。）そのまま底辺部が下になるようにして冷まし、上の穴を紙ネンド等で塞ぎます。

③最後に卵に奇麗な色を塗ってできあがりです。

溶かしたロウと太い針金を短く切った物を入れます

自由研究のヒントⅢ―観察日記編

【虫の観察日記・新聞】

　昼と夜では集まる虫が違います。目的の虫を観察するために親子で罠をしかけ観察します。どんな虫が集まってくるのでしょう。

　虫を見て、子どもが面白いと思ったことを絵や文章を用いて新聞やカードにまとめてみると、子どもたちの昆虫への興味・関心が育まれます。

―虫の集め方いろいろ―

① ジュースのわな

　皿などの容器に発酵しかけた果物やヨーグルトを入れて余っているワインや焼酎をかけておいておく。（場所　自分の庭やベランダ）

② ライトでおびき寄せる

　夜間に真っ白なシーツを木の枝にかけたり、張ったひもにかけたりしておく。その手前から車のライトや強力なライトを当てていく。（場所　神社やお寺、雑木林　樹木のたくさんある公園）

③ バナナでゲット！！

　よく熟したバナナを4本程度半分に切り、ストッキングにいれて木につるしておく。乾いたら換えるようにする。朝からつるすとよい。（場所　自宅の庭や近隣の林）

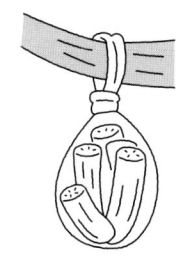

第1章　そのまま保護者会資料

3年生　冬休み前（12月）
机の前に座る習慣をつける資料

　3年生になり、学習内容が増え「勉強がわからない」と学習に対して劣等感をもつ子が出てきます。苦手意識をなくすために、毎日、机に向かう習慣をつけたいものです。冬休みは、学習も生活も不規則になりがちです。こうした時こそ、家庭での学習習慣の大切さについて話題にするといいでしょう。

　3年生の12月の保護者会では、次の資料を配布し、話題に取り上げると良いでしょう。
　　①学習習慣について
　　②子どもが「学習の方法を知る」について

　学習の習慣をつけるためには「机の前に座る習慣」をつけることです。学年かける10分間が目安です。しかし、3年生だからといって習慣のついていない子にいきなり30分は無理です。最初は5分、できたら10分というように少しずつ時間を増やしていきます。初めはマンガを読んだり、絵を描いたりしていてもかまいません。とにかく毎日机の前に座ります。1日の同じ時間帯に机につかせましょう。子どもが机の前に座るようになったら、勉強をするように声をかけていきましょう。そして、努力したこと、ほんの少しでも進歩したことを褒めましょう。たくさん褒められた子どもは自信をもち、伸びていきます。

保護者の不安を理解しておこう

　家庭で学習させることの大切さはよく分かりますが、どのように学習をさせて、どのくらいの時間を目標に学習させたらよいかがわからず心配のようです。
　家庭での学習習慣を身に付ける手助けとなるような資料を掲載します。

3年生　冬休み前（12月）

3年保護者会資料　　　月　　　日

学習の仕方やコツを知る

国語
音読の練習方法

　子どもの好きな本を読むのもいいし教科書の中の話を読んでもいいです。教科書を読むときはタイトルの横に小さな丸を十個かきます。一度読んだら赤く塗ります。本がすらすら読める子は内容も理解できています。家事をしながらでも聞いてあげられます。上手に読めたら褒めます。毎日、短い時間でも取り組むことで音読の力がつきます。

漢字の練習方法

　3年生になると2年生のときより覚える漢字の数が増えます。200字の新しい漢字が出てきます。効果的な漢字練習方法は次のような学習システムです。
　　　　　　　　　　　　＊光村図書の教材「赤ねこ漢字スキル」と同様です。

①**指書き**：初めて出てきた漢字を、書き順を見ながら机の上に指で練習します。「いち、にい、さん」と画数を言いながら練習します。指が覚えてしまうまで何回も書きます。指先をきちんと机につけているかも気をつけて見ます。

②**なぞり書き**：指書きができるようになったら鉛筆をはじめて持ちます。薄い文字の上を丁寧になぞります。「1ミリもはみ出さないように」なぞっていれば褒めます。

③**写し書き**：なぞり書きが終わったら、白いマスに練習します。このときも画数を言って書きます。画数が合っていれば正しく書けているはずです。

④**空書き**：空に大きく漢字を書きます。応用で友達同士が問題を出し合うこともできます。家で覚えているか確認するときにも使えます。

算数
分かるところまで戻る

　どこからが「わからない」を見つけることが大切です。分からないところは答えをノートに「そのまま」写します。写すことで理解していきます。

3年保護者会資料　　　月　　　日

学習習慣を身につけるには

「教育」と「学習」は象形文字です。

　　　教……子どもを鞭で打って大人の動作をまねさせ習わせる意味
　　　育……子どもが生まれる形で自然に大きくなっていく意味
　　　学……家の中にいて何も知らなかった子どもが身振り手振りをまねる意味
　　　習……鳥の雛が飛ぶ練習をするように、何回もくり返し練習をする意味

　教育は最終的には教えなくてもすむように育てていくのが目標です。子どもに対して、放任や過保護では自立はできません。バランスの取れた保護者の対応が求められます。

1. まず生活習慣を見直す

①　忘れ物はないですか

　家へのお便りやプリントを持って帰らない子、給食袋や上履きを持ち帰るのを忘れる子は、普段の学習用具の準備も忘れる傾向があります。

　毎日の机の中チェック、週末の下駄箱チェックなど習慣にさせたいものです。声掛けからはじめ、自分でチェックできるように見守りましょう。

②　片づけはできますか

　整理整頓が苦手な子は、自分が置いた用具・材料の場所を見つけられない場合が多いようです。家庭でも整頓場所を決めて、そこは責任をもって片付けるように話し合いましょう。

　片付け方がわからない子どもには、まず片付け方を教えます。最初から丁寧さ、整頓のきれいさを求める必要はありません。片付けられたら一歩前進です。片づけようとする気持ちが見えたら、大いにほめましょう。

2. 毎日続ける努力をする

① 机の前に座る習慣

「継続は力なり」といいます。学習の習慣をつけるためにはまず、「机の前に座る習慣」をつけましょう。目安は

小学（　　　）年×10分＝（　　　）分

です。最初は学習でなくてもかまいません。5分や10分くらいの時間からはじめてもいいのです。続けることが大切です。

机の前に座る習慣がついたら、内容を勉強に変えていきましょう。

② 家庭学習あれこれ

家庭学習では、いろいろなことができます。

- 子どもが自分の好きな本を読む。
- プリントの間違い直しをする。
- 絵を描く。
- 疑問を調べる。
- 生き物の観察や世話をする。
- 日記・物語を書く。
- 学校で使っている漢字や計算の問題集をくり返しやる。

③問題集の学習方法

「薄い問題集」を選ぶ

厚い問題集は例題や類題が多く載っています。問題数が多いと、1冊終えるのに時間がかかります。薄い問題集は早く終わり、最後までやることができたという達成感と自己肯定感が生まれます。

同じ問題集をくり返し解く。

一回で終わらずに間違えたところだけくり返しやってみます。一回目はできないところを発見するために行うだけですが、二回目からが解く力をつけていきます。できたところに✔（チェック）します。できないところを何度も繰り返し行うことになります。一冊の問題集をできるまでくり返すことがポイントです。

3年生　年度末（12月）
1年間の成果を伝え、成長を実感することができる資料

　低学年から中学年として過ごしたこの一年間。学習面でも行動面でも意欲的なこの時期にできるようになったことがたくさんあると思います。年度末の保護者会では、1年間で子ども達がどれだけ成長したか、分かりやすく具体的に振り返りができると保護者も担任に感謝し、1年間を締めくくることができます。

　3年生の3月の保護者会では、次の資料を配布し、話題に取り上げます。
　　①子どもの成長が分かるチェックポイント
　　②3年生でできるようになったこと
　成長を確認することができる資料

　学習や生活をチェックすることで、1年間の復習ができ、春休みに次の学年への準備をすることができます。

保護者の不安を理解しておこう

　「学年末や学年始めは、行事が多く、準備するものも多くて大変です。事前に準備したいので、次の学年のことも早めに教えてほしい」と要望がありました。
　保護者会では、「3年生でできるようになったこと」をプリントにします。それに「学年末と学年始めの予定」も書きましょう。行事予定と準備するもの、家庭の協力をお願いすることも入れて、配布すれば確実に伝えることができます。
　保護者に見通しをもってもらうことは、子どもが落ち着いて行事に参加することにつながります。ぜひ口頭だけでなく、プリントで確実に伝えるようにしましょう。

3年生　年度末（12月）

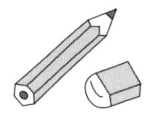

| 3年保護者会資料　　　月　　　日 |

1年間の子どもの成長が分かる15のチェックポイント

- ☐ ①自分で次の日の持ち物の準備ができる。
- ☐ ②一日のできごとを話すことができる。
- ☐ ③家で、読書をしていることがある。
- ☐ ④一日に30分間、机に向かうことができる。
- ☐ ⑤外で遊ぶことができる。
- ☐ ⑥友だちと遊ぶことができる。
- ☐ ⑦自分からあいさつできる。
- ☐ ⑧自分の持ち物の整理整頓ができる。
- ☐ ⑨漢字テストで100点を取ったことがある。
- ☐ ⑩国語辞典の使い方がわかる。
- ☐ ⑪ローマ字を読むことができる。
- ☐ ⑫かけ算のひっ算ができる。
- ☐ ⑬コンパスを使って、円を描くことができる。
- ☐ ⑭東西南北の方位がわかる。
- ☐ ⑮リコーダーを吹くことができる。

　子どもたちは1年間で学習はもちろん、心も体も大きく成長しました。
　このチェックポイントで確認し、できるようになったことを実感してください。そして、お子さんを褒めてあげてください。学習だけでなく、心も体も成長していくお子さんを見守りたいものです。チェックを終えて、感じたこと、褒めてあげたいことを書いてください。

感想

3年保護者会資料　　　月　　　日

3年生　こんなことができるようになりました

学習について

　1年間、学習してきた主な内容です。お子さんができるようになったことを確認してください。確実にできると考えられるものは◎、だいたいできると考えられるものは○、まだまだと考えるものは△に印をつけます。

国　語

国語辞典の使い方がわかる。	◎	○	△
習った漢字を読んだり書いたりできる。	◎	○	△
字形を意識して文字を書くことができる。	◎	○	△
毛筆の準備ができる。	◎	○	△

算　数

時間・時刻を求めることができる。	◎	○	△
長さを測ることができる。	◎	○	△
（3けた）×（2けた）のかけ算のひっ算ができる。	◎	○	△
（2けた）÷（1けた）のあまりのあるわり算ができる。	◎	○	△
棒グラフをよみとることができる。	◎	○	△

社　会

東西南北の方位がわかる。	◎	○	△
地図記号の意味がわかる。	◎	○	△
まちのことを絵地図に描くことができる。	◎	○	△

理　科

安全に実験することができる。	◎	○	△
実験したことを記録することができる。	◎	○	△

音　楽

リコーダーを吹くことができる。	◎	○	△
楽しく歌ったり演奏したりできる。	◎	○	△

3年生　年度末（12月）

体　育
全力で走ることができる。	◎	○	△
なわとびの練習ができる。	◎	○	△
ルールを守ってボールゲームができる。	◎	○	△

　△がついたものは、復習が必要です。春休みを利用して教科書やノートを見直し、もう一度、できなかった問題に取り組んでみましょう。4年生へのスムーズな進級につながります。

〈4年生について〉
※クラブ活動が始まります。3年生のうちにクラブ見学をしました。今後、自分で活動したいクラブを選びます。

学年末と学年始めの行事

3月　　日（　）卒業式
　　　　卒業生にとって、一生の節目となる大切な1日です。
3月　　日（　）修了式
　　　　3年生の最終日です。この日までに持ち物を持ち帰ります。道具箱や絵の具セット、習字道具の家庭での点検、補充をお願いします。
3月　　日（　）〜4月　　日（　）春休み
4月　　日（　）1学期　始業式・着任式
　　　　4年生の始まりです。**筆記用具**や**連絡帳**、**上履き**、**ぞうきん**などの用意をお願いします。クラス発表、担任紹介があります．
4月　　日（　）入学式　4月　　日（　）離任式
　　　　この日まで午前中で下校します。家庭での過ごし方を話し合ってください。

大切な式が続きます。式の意味を考え、心を込めて参加できるように指導していきます。

第1章　そのまま保護者会資料

4年生　新学期（4月）
1年間の学習の見通しや子どもの成長に関する資料

　4年生は、急に大人びた態度をとったり、グループを好んだりするギャングエイジの時期です。また、学習も一段と難しくなります。保護者もどのように対応したらよいか不安が生じる時期です。分かりやすい明確な資料をもとに第1回の保護者会で信頼を得ましょう。

　4年生の4月の保護者会では、次の資料を配付し、話題に取り上げるとよいでしょう。
　　①4年生の心身の発達
　　②4年生の学習

　4月の保護者会では、「4年生の心と身体に関するプリント」を配布し、ギャングエイジの特徴についてお知らせするとよいです。ギャングエイジの特徴を保護者が知っておけば、慌てずに対応できます。4年生になると、親や教師に依存する姿勢から抜け出し、友達を頼りに悩みを解決する姿が見られ始めます。周りの大人は注意深く、温かく見守っていく必要があります。
　保護者会では、学校の教育目標や学年目標、学級目標、年間行事予定、4年生で学習する内容を書いたプリントも配布するとよいでしょう。保護者会では、学級担任としての願いや思いをアピールしましょう。
　学習面の資料は、学習指導要領の教科の目標を参考に作成しています。

保護者の不安を理解しておこう

　保護者が「最近、息子が親の言うことを聞いてくれません」と相談に来られました。話を聞くと、グループになって友達と遊んでいて、親の意見に耳を貸さないようです。グループになって遊んでいることを心配する保護者に安心できるような資料を保護者会での話題にしましょう。

4年生　新学期（4月）

4年保護者会資料　　　月　　　日

4年生の発達（心と身体の発達）

1．ギャングエイジ

　4年生は、自分と似た能力や同じ気持ちをもつ友達とグループで行動するのを好むギャングエイジの時期です。グループの結束は強く、時には、いたずらや悪いこともします。この時期に子どもたちは、グループで生まれるルールを通して、いろいろなことを学びます。子どもが大人になるための大切な時期でもあります。

　一方で、仲間同士のルールにこだわりすぎて、狭い視野で物事を考えてしまうこともあります。周りの大人たちが注意深く、温かく見守っていく必要があります。

2．自分たちで解決しようとする

　子どもは、友達の励ましと意見を参考にしながら、悩みを乗り越えたり、問題を解決しようとしたりしていきます。友達が、何よりも力強い味方となり、親や教師に頼る姿勢から抜け出していきます。

3．男女の違いが現れてくる

　4年生の子どもたちは、思春期と呼ばれる時期に入ります。体の発育では、身長も体重も女子が男子を上回ってきます。初潮など、性的な成長が見られる子どももいます。身体的な変化に伴う不安や悩みをもち始めます。

　男女の違いを意識しながらも、「チームを男女混合にしよう」など男女が協力して助け合う場面も見られます。女子が、リーダーシップを発揮することが多くみられます。

4．言語能力、論理的思考、運動能力が発達する

　知っている言葉の数が増え、構成を考えて長い文章が書けるようになります。読書能力も高まり、自分なりの考えや意見を組み立てながら、論理的に説明しようとする姿が見られます。歩く、走る、跳ぶ、投げる、捕るなどの基礎的な動きが著しく発達していきます。

4年保護者会資料　　　　月　　　日

4年生の学習

国　語
　今までの学習指導要領で「話すこと・聞くこと」、「書くこと」、「読むこと」の3領域で構成していた内容が、〔知識及び技能〕及び〔思考力、判断力、表現力等〕に構成し直されました。人との関わりの中で伝え合う力を高め、筋道立てて考える力を育て、自分の思いや考えをまとめることなどができるように学んでいきます。必要な文字や語句について辞書の使い方を知り、調べる習慣を身に付けます。

社　会
　自分たちの住んでいる地域社会や都道府県の様子について学習します。ごみ問題や水、地震などの自然災害から安全なくらしを守る活動、地域の発展に尽くした先人の働きなどを学びます。資料などを調べる活動を通して、理解を深め、地域社会の一員としての自覚をもち、地域社会に対する誇りと愛情を育てていきます。

算　数
　「計算ができる」などの知識及び技能だけではなく、計算の意味や仕方を考えたり説明したりする思考力・判断力・表現力も身につけていきます。「わり算の筆算」「分数」「折れ線グラフと表」「角の大きさ」「小数」「面積」などの学習をします。新たに「割合」「複数系列のグラフや組み合わせたグラフ」などの内容が加わりました。定規を使って線を引いたり、計算をていねいにしたりできるように指導します。

理　科
　四季を通して、生き物や植物、星や月の観察を行い、動物や植物と環境との関係を学習していきます。「空気と水の性質」「電流の働き」など、実験を通して空気・水・電気などの性質や働きについて見方や考え方を養っていきます。

音　楽
　曲の特徴によって歌声を変えたり、演奏の仕方を変えたりする学習をしていきます。リコーダーの音色にも気を付けて演奏していきます。二部合唱にも取り組み、歌声がきれいに響き合うことにも気付かせていきます。

図画工作
　絵や立体、造形遊びなどの活動を通して、材料や用具を適切に扱うとともに、経験を生かし、組み合わせたり、切ってつないだり、形を変えたりするなどして、手や体全体を十分に働かせ、工夫して作品をつくっていきます。

4年生　新学期（4月）

> ☆★　お　願　い　★☆
> 活動内容によって材料や用具が必要になります。学校で一括購入する場合もありますが、包装紙やリボン、空き箱など日頃から集めておいて頂けると助かります。準備物につきましては、学年便りなどで事前に連絡します。

体　育
　自分の課題をもち、活動を工夫しながら楽しく運動します。リレーやマット運動、跳び箱、鉄棒、水泳、ボールゲームなど、ルールを守り、安全に気をつけ学習します。保健の時間は、体の発育・発達について理解する学習をします。

特別な教科である道徳
　正直に明るい心で生活することや目標に向かってやり抜くことなど、自分の生き方について考えを深める学習をします。礼儀の大切さを知り、家族や高齢者など誰に対しても真心をもって接すること人との関わりについて学習します。また自分の考えや意見を相手に伝え、相手の考えも大切にできる態度を育てます。教育活動全体を通して学習していきます。

外国語活動
　「聞くこと」「話すこと」を中心とした活動を通して、外国語の音声や基本的な表現に慣れ親しむ学習をします。外国語を通して、言語やその背景にある文化に対する理解を深め、相手に配慮しながら、主体的に外国語を用いてコミュニケーションを図ろうとする態度を養っていきます。

総合的な学習の時間
　福祉（国語と連携）、地域（社会科と連携）、環境（社会科や理科と連携）、国際理解、情報・プログラミングなどの横断的・総合的な課題や子供たちの興味・関心に基づく課題などに取り組みます。子供たちが課題をよりよく解決し、生き方を判断していく力が身に付くように、教科の枠を超えた学習をすすめていきます。

特別活動
　友達と互いに信頼し、助け合うことについて学習します。与えられた仕事をきちんと果たすことや、進んでみんなのために働くことによって、「役立っている」という実感をもつことができます。自分が重要な一員であるという自覚を深めることで、協力して楽しい集団をつくっていこうとする態度を育てます。

☆　クラブ活動のお知らせ　☆
　クラブ活動が始まります。上級生と一緒に共通の興味・関心を追求する活動をします。

第1章　そのまま保護者会資料

4年生　夏休み前（7月）
夏休みに向けて食に関する資料

　1学期の間、子どもたちが好き嫌いなく食べられるように給食指導を行ってきましたが、まだ、嫌いなものが食べられない子がいます。夏休みが食について見直すよい機会になるように保護者会で話題にし、夏休み前の保護者会をスムーズに進行しましょう。

　4年生の7月の保護者会では、次の資料を配付し、話題に取り上げると良いでしょう。
　　①食事の在り方について考えよう
　　②「食べる」を学ぼう

　平成17年6月10日国会で食育基本法が成立されました。次のように書かれています。

> 　食育を知育、徳育及び体育の基礎となるべきものと位置づけるとともに様々な経験を通して「食」に関する知識と選択する能力をすることができる人間を育てることが求められている。

　このように食育の重要性が叫ばれ、学校教育でも食育に関する授業に重きが置かれるようになってきました。

保護者の不安を理解しておこう

　家庭訪問で、「家でもできるだけ食べるように言っているのですが、好き嫌いをして困ります。どうしたらいいのでしょう」と相談されました。栄養の偏り、不規則な食事、肥満や生活習慣病の増加など小学校からでも学習可能です。食育についての資料を用意して、保護者会で話し合うことで保護者と学校と連携することができます。

4年生　夏休み前（7月）

4年保護者会資料　　　月　　　日

「食べる」を学ぼう！

　沖縄は、全国1位の長寿県として有名でした。
　しかし、統計調査では、男性の平均寿命が次のように変わってきました。
　1985年（1位）→ 2010年（30位）
　米国の占領化、脂肪や塩分の多い肉料理を食べ続けた40代〜50代にがんや心筋こうそくなどの患者が増えてきた結果です。エネルギー（カロリー）が高いが、他の栄養価・栄養素の低いスナック菓子やハンバーガーなどのジャンクフードといった偏った食事は体に様々な影響を与えます。
　最近は、食物の賞味期限や値段で食品を選ぶ傾向が強くなってきていますが食品を正しく組み合わせることも大切です。農林水産省、厚生労働省も1日に必要な食事量や組み合わせができる**食事バランスガイド**を作成しています。

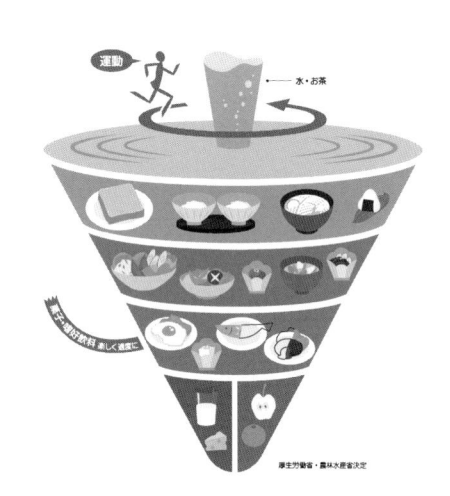

　儒学者でもあり医者でも会った貝原益軒は次のように言っています。

飲むものや食べるものは良く選べ。それによって人の天性まで変わる。

　たとえば、糖分の多い飲料を常飲している子どもは低血糖に陥り、きれる傾向があります。糖は、カルシウムを溶かして体外に排出するのでイライラさせてしまいます。食べることが、子どもの心も体も健やかにするということに繋がっているのです。

第1章 そのまま保護者会資料

4年保護者会資料　　　月　　日

食事の在り方について考えよう

　服部栄養専門学校校長、医学博士でもある服部幸應氏は、20歳では子どものときからの生活習慣を変えられない。そして、子どもたちを取り囲む食卓で次のような5つの「こしょく」が問題になっていると主張しています。

　0歳から3歳は、親とのスキンシップを楽しむ時期、親が大きな声を出すと、子どもはビクビクするようになります。温かく包み込む環境を作るのが親の役目です。

　特に3歳から8歳は親と一緒に食卓を囲むことが第一です。

　1日3食を取ると1年では、**1,095回のチャンス**になります。昔は、700回から800回を家族と共に過ごしていましたが今では3分の1ぐらいになっています。家族で一緒にとる食事の形態は、様々ですが『こしょく』という言葉には色々な意味があります。

① 【孤食】

　本人が希望せずに、1人で食べることです。寂しさを感じながら食事をし、つらいと感じてしまう状態です。2000年頃から言われ始めました。

② 【個食】
　一緒にいながら、父親はラーメン、母親はパスタ、子どもはハンバーグという食事です。テレビも消さず、好きなものや軟らかい物しか与えないとワガママで協調性のないキレやすい子どもになります。

③ 【固食】
　自分の好きな同じものしか食べないこと。

④ 【小食】
　小食（こしょく）は、ダイエットのために食事を制限することです。ともに成長すべき機能が育たない危険性のある食事です。

⑤ 【粉食】
　高たんぱく、高脂肪などパン中心の外国食のことです。外国食を普段以上にとっていくと体そのもの構造が変わります。腸の長い日本人の体には、時間をかけて食物を吸収するシステムが組み込まれているそうです。近年みられる欧米化によって肥満、高脂肪症、糖尿病、動脈硬化、乳がん、大腸がん、便秘症の生活習慣病は日本でも多く発症しています。
（参考文献　読売新聞他）

第 1 章　そのまま保護者会資料

4年生　冬休み前（12月）
努力の大切さを伝える資料

　5年生になる前のこの時期、親の思うように動かないと、子どもたちをせかしてしまいがちです。教育は結果が出るまで時間のかかるものです。保護者会で「努力」に関する資料を用意し話題に取り上げてみてください。保護者にとって貴重な情報となり役に立つことでしょう。

　4年生の12月の保護者会では、次の資料を配付し、話題に取り上げるとよいでしょう。
　　①努力直線と発達曲線
　　②努力したけど学力つかず・努力のコツで学力がつく

　伸びる子の条件は、「続ける」「ていねいさ」「挑戦する」すべてが当てはまることではありません。どれか1つが当てはまっていればよいのです。一つもなくても心配はありません。どのタイプの子に近いか考えてみます。子どもたちにも折に触れて話していきましょう。

保護者の不安を理解しておこう

　4年生のこの頃になると自我の目覚めからあまり親や教師の言うことを聞かなくなってきます。そして格好のいいこと、早くできることの方に興味が出てきます。保護者の中には、「即効性」を追い求める人がいます。
　地道な努力が大切だと分かる説得力のある資料を準備しましょう。

4年生　冬休み前（12月）

4年保護者会資料　　　月　　　日

努力直線と発達曲線

【努力は段階的に重ねなければならないが、発達は加速的におとずれる】

TOSS代表　向山洋一氏　「家庭教育の指針」明治図書出版 p34 より図、文章を抜粋

　百回縫い物を縫う、百回絵を描く、百回泳いでみる、という風に上達して次のレベルにいくまでに「百回」という言葉がよく使われます。また、「石の上にも三年」「桃栗三年柿八年」ということわざもあります。

　何でもすぐに結果は出ません。数回やっただけで上手になるということは殆どないのです。サッカーでも野球でもピアノ、バイオリンなど何でも一定のレベルまで達するには日頃の地道な練習が必要です。毎日毎日練習を続けていると、ある日突然急激に成長しているのに気付きます。これが発達曲線です。

　努力曲線と発達曲線の関係を知っていれば、「今は、努力をしていても目に見えない時期だな」「まだ努力していて、力をためている途中だ」と努力を続けることができます。「百回」「千回」など、たくさん練習しないといけないという見通しができるのです。おうちでも「努力」について話題にしてみてください。

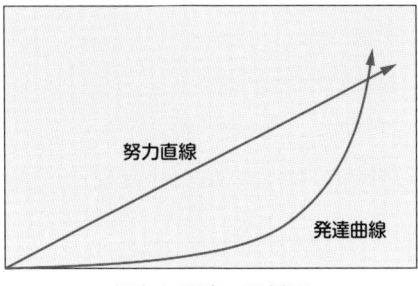

努力と発達の関係図

第1章　そのまま保護者会資料

| 4年保護者会資料　　　月　　　日 |

　4年生になると学習内容がさらに難しくなります。だからといって毎日漢字を百字も二百字も練習したり、計算プリントを何枚も解いたりする方法はかえって、勉強嫌いにしてしまいます。学力アップには、努力の方向やコツがあります。学力がつかない場合と学力がつく場合をくらべてみましょう。

努力したけれど学力つかず

わからない子に宿題は苦痛
　学校でできなかった問題を「家でやってきなさい」と宿題で渡されても、できない子はいつまでたってもできません。やり方がわからないからです。「宿題を出してほしい」と保護者の声がありますが、できるようになるのは、学校の授業の中ですべきことです。特に算数の問題はそうです。

時間がかかりすぎる宿題はだめ
　新聞づくりや調べ学習などの1日に2時間も3時間もかけてしまう宿題を出す先生がいます。家庭学習は、机に座る習慣がつけられる程度の量（10分×学年）がよいのです。真面目で出された宿題をていねいにきちんとする子は、さらに時間がかかり、時には睡眠時間にも影響が出てしまいます。

量だけやっても忘れてしまう
　「質より量」とばかりに漢字を百字書くとか計算問題を百問解くなどの宿題も効果がありません。子供に（雑でもやればいい）という気持ちが生まれてしまいます。人の脳は忘れるようにできています。どんな人でも同じです。テストで一夜漬けをしても数時間経つと「あれ、なんだっけ」となってしまいます。漢字も計算も身につく方法で学習しなければなりません。

努力のコツで学力がつく

教科書の問題をできるかチェック

やり方が分からないところは、分かっているところまでもどりましょう。算数は特にそうです。教科書の今までに習った練習問題を全部解いて、できたところは✔（チェック）してみましょう。できるところとできないところをまず、分けるところから勉強が始まります。分からない問題は、解答を写すうちにやり方が分かってきます。自力で解けたら、✔（チェック）をし、繰り返します。

4回の復習方法

復習せずにそのままにしておけば忘れてしまいます。忘れないためにはくり返し覚えればいいのです。ただし「何回も苦痛を感じるほど」練習するのは逆効果だと、脳科学の海馬の研究で明らかになっています。効果的なのは以下の方法です。4回復習すると効果があると示されています。

　　復習の仕方
　　　①1回目は次の日
　　　②2回目は1週間後
　　　③3回目は2回目の2週間後
　　　④4回目は3回目の1週間後

効果のある学習の仕方

漢字の覚え方にはコツがあります。「指書き」は、初めて出てきた漢字を、書き順どおり、画数を言いながら練習します。鉛筆は持ちません。指が覚えるまで何回も書きます。算数は定規を上手に使える子は成績がよいという報告があります。定規を使って丁寧に書かれているノートは効果的な学習ができている証拠です。計算ミスが少ない人はノートがきれいな場合が多いです。

第1章 そのまま保護者会資料

4年生　年度末（3月）
学習チェックで、復習することを確認する資料

　1年間の最後の保護者会では、チェック資料を用意して、1年間を振り返り、春休みにするべき事を確認できると保護者も担任に感謝し、1年を締めくくることができます。

　4年生の3月の保護者会では、次の資料を配布し、話題に取り上げるとよいでしょう。

　　①1年間の子どもの成長が分かる15チェックポイント
　　②4年生　こんなことができるようになりました
　成長を確認することができる資料

　3月の保護者会では、「できるようになったことチェック」を配布し、学習の状況を保護者に確認してもらいましょう。その際、ノートや作品も確認しながらチェックすることで、具体的に復習の必要なところが伝わります。

　春休みは、復習する時間があります。ぜひ確認してもらい、家庭学習に生かせるようにしましょう。

保護者の不安を理解しておこう

　4年生は、学習の内容が一気に難しくなってきています。保護者に「春休み中に何を勉強するとよいのでしょうか」と相談されることがあります。
　どこができて、どこができなかったのか、具体的にすることで子どもの成長を実感することができ、また、やるべき事も分かるので、保護者にも余裕ができてきます。

4年生　年度末（3月）

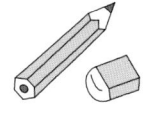

```
4年保護者会資料　　　月　　日
```

子どもの成長が分かる 15 のチェックポイント

- ☐　①学校の準備を自分でできる。
- ☐　②ノートはものさし、赤鉛筆を使って書いている。
- ☐　③ローマ字を読むことができる。
- ☐　④漢字テストで 100 点を取ったことがある。
- ☐　⑤その日あったことを話すことができる。
- ☐　⑥一人で読書をすることができる。
- ☐　⑦1 日に 40 分間、机に向かうことができる。
- ☐　⑧外で遊ぶことができる。
- ☐　⑨持ち物の整理整頓ができる。
- ☐　⑩自分からあいさつができる。
- ☐　⑪漢字辞典の使い方がわかる。
- ☐　⑫原稿用紙の使い方がわかる。
- ☐　⑬面積を求めることができる。
- ☐　⑭わり算のひっ算ができる。
- ☐　⑮クラブ活動に参加できる。

　子どもたちは 1 年間で学習はもちろん、心も体も大きく成長しました。
　このチェックポイントで確認し、できるようになったことを実感してください。そして、お子さんを褒めてあげてください。これからも学習だけでなく、心も体も成長していくお子さんを見届けてほしいと考えています。チェックを終えて、感じていることを書いておくことをお勧めします。

感想

4年保護者会資料　　　月　　　日

4年生　こんなことができるようになりました

学習について

　1年間、学習してきた主な内容です。お子さんとできるようになったことを確認してください。確実にできると考えられるものは◎、だいたいできると考えられるものは○、まだまだと考えるものは△に印をつけます。できるようになったことと、もう少しのことを確認し、復習が必要なことを見直しましょう。

国　語

　　漢字辞典の使い方がわかる。　　　　　　　　　　　　　◎　○　△
　　ローマ字を読むことができる。　　　　　　　　　　　　◎　○　△
　　原稿用紙の使い方がわかる。　　　　　　　　　　　　　◎　○　△
　　あったこと（できごと）を書くことができる。　　　　　◎　○　△

社　会

　　住んでいるまちのしくみがわかる。　　　　　　　　　　◎　○　△
　　まちについて記録することができる。　　　　　　　　　◎　○　△
　　本やインターネットで調べることができる。　　　　　　◎　○　△
　　調べたことをまとめることができる。　　　　　　　　　◎　○　△

算　数

　　わり算のひっ算ができる。　　　　　　　　　　　　　　◎　○　△
　　分数の大小をくらべることができる。　　　　　　　　　◎　○　△
　　折れ線グラフを書くことができる。　　　　　　　　　　◎　○　△
　　分度器で角度を測ることができる。　　　　　　　　　　◎　○　△
　　小数のしくみがわかる。　　　　　　　　　　　　　　　◎　○　△
　　面積を求めることができる。　　　　　　　　　　　　　◎　○　△

理　科

　　生き物の特徴を絵で描くことができる。　　　　　　　　◎　○　△

4年生　年度末（3月）

植物の成長を記録できる。	◎	○	△
水の変化の様子をまとめることができる。	◎	○	△

体　育
体の成長について説明できる。	◎	○	△
楽しく運動ができる。	◎	○	△

音　楽
リコーダーを吹くことができる。	◎	○	△
音色を聞きながら合唱できる。	◎	○	△
音の重なりを聞きながら合奏できる。	◎	○	△

　△がついたものは、復習が必要です。春休みを利用して教科書やノートを見直し、もう一度、できなかった問題に取り組んでみましょう。5年生へのスムーズな進級につながります。

〈5年生について〉

☆学校全体に対する委員会活動が始まります。これから所属する委員会を決定します。5、6年生全員で活動します。

☆「家庭科」が始まります。学習によって、裁縫セットやエプロン、三角巾などの準備が必要になります。その都度、学校からのお知らせをご覧ください。

学年末と学年始めの行事

```
3月　　日（　）卒業式　　　3月　　日（　）修了式
3月　　日（　）〜4月　　日（　）春休み
4月　　日（　）1学期　始業式・着任式
4月　　日（　）入学式　　　4月　　日（　）離任式
```

大切な式が続きます。式の意味を考え、心を込めて参加できるように指導していきます。

第1章　そのまま保護者会資料

> **5年生　新学期（4月）**
> # 1年間の学習の見通しや子どもの成長に関する資料

　5年生は高学年になり、よいことも悪いことも友達同士で相談・判断し、仲間から認められることを望む傾向にあります。その分、友人関係に気遣いすぎたり、自分の期待した状況にならなかったりすると、疲れやストレスを感じ反抗的な態度をとることもあります。保護者の不安を解消する資料を用意して、第1回の保護者会の準備をすることが大切です。

　5年生の4月の保護者会では、次の資料を配布し、話題に取り上げると保護者に具体的な情報を伝えることができます。
　　①学習指導要領に基づく5年生の学習について
　　②5年生の心と身体の特徴

　学習内容や心身の発達についてお知らせすると保護者は安心します。あわせて学校の教育目標や学年目標、学級目標、年間行事予定を書いたものを配布することがよいでしょう。
　4月の保護者会は、担任の方針をアピールできるチャンスです。各学校によって、子どもの実態や子どもにつけたい力などに違いがありますが、ここに掲載の資料を応用・活用してください。

保護者の不安を理解しておこう

　「クラス替えをして仲のよい子が他のクラスにいってしまい、友人関係がうまくいかず悩んでいるようです。どうしたらよいですか」と、保護者から相談されました。5年生の保護者は友人関係に敏感になっています。心や身体についての資料は、4月の保護者会のポイントです。

5年生　新学期（4月）

5年保護者会資料　　　月　　　日

5年生の心身の発達について

心の成長

① 論理的に考えるようになる

　自己中心的な考え方から、抽象的、論理的、客観的な考え方ができるようになります。知識欲も旺盛になり、学習内容の意味を考えたり、プロセスを工夫したりして積極的な姿勢が見られます。

② 反抗期に突入

　自我意識が強くなり、批判や自己主張が増えます。自分を押さえきれないと相手が誰であろうと反発します。親や教師など、大人に対する見方も厳しくなり、反抗することもあります。よいことも悪いことも友達同士で判断して行動し、仲間から認められることを望みます。友人関係に気遣いすぎたり、自分の期待した状況にならなかったりすると、疲れやストレスを感じることもあります。

体の成長

① 体が大人になる

　思春期になり、少しずつ大人の体に変わり始める時期です。身長が伸びたり体重が増えたり、ホルモンの働きで第二次性徴が始まり、体つきにも性差がでてきます。女子の方が、発育が早い傾向にあります。

　心や体が大人へと成長する一方で、思うようにいかないことに焦ったり不安定になったりすることも多く、反抗的な態度をとるときもあります。イライラする子どもを目の当たりにして機嫌をとってしまうかもしれません。反抗期は、成長の過程では当然のこととして、受け止めてあげましょう。そして、子どもにとって家がくつろげる場所であるよう見守りましょう。

5年保護者会資料　　　月　　　日

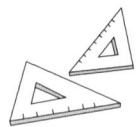

5年生の学習

国　語
　今までの学習指導要領で「話すこと・聞くこと」、「書くこと」、「読むこと」の3領域で構成していた内容が、〔知識及び技能〕及び〔思考力、判断力、表現力等〕に構成し直されました。人との関わりの中で伝え合う力を高め、筋道立てて考える力を育て、自分の思いや考えを広げる活動を行います。また、古文や伝説、故事成語など古典に関する学習を行い、伝統や文化について理解を深めます。

社　会
　日本の位置や領土、人々のくらしと産業（例：農業、水産業、工業や社会の情報化と産業の関わりなど）、自然災害や環境について学習をします。資料を読み取り、自分の意見をまとめたうえで、友達と意見交換する活動を行います。様々な立場や意見をふまえて社会的事象などの意味について多角的に考える力を育てていきます。

算　数
　「計算ができる」などの知識及び技能だけではなく、計算の意味や仕方を考えたり説明したりする思考力・判断力・表現力も身に付けていきます。「小数のかけ算・わり算」「偶数と奇数」「約数と倍数」「分数のたし算・ひき算」「平均」「速さ」などの学習をします。知識や技能がしっかり定着できるよう学習していきます。新たに「割合」や「統計的な問題解決の方法」などの内容が加わりました。

理　科
　「生命のつながり」として、ダイズなどの植物の発芽や成長、メダカなどの動物や人間の発生や成長などを学びます。また、「天気」「流れる水の働き」「物の溶け方」「電磁石」などの学習もします。科学的な見方や考え方を育てるため、予想をたててから、観察や実験を行います。

音　楽
　曲の特徴にふさわしい表現を工夫し歌唱します。楽器の音色や全体の響き，伴奏を聴いて、音を合わせて演奏します。曲や演奏のよさを見付け、曲全体を味わって鑑賞します。様々な楽器や世界の音楽に親しむ中で、音楽の楽しさを味わいます。

図画工作
　絵や立体、造形遊びなどの活動を通して、材料や用具についての経験や技能を生かしたり、表現に適した方法などを組み合わせたりするなどして、工夫して作品をつくります。

5年生　新学期（4月）

> ☆★　お 願 い　★☆
> 活動内容によって材料や用具が必要となります。学校で一括購入する場合もありますが、ペットボトルや空き箱などご家庭のご協力をお願いします。準備物につきましては、学年だよりなどで事前に連絡します。

家　庭
　調理や製作等、衣食住などに関する実践的・体験的な活動を通して、日常生活に必要な基礎的な理解と技能を身に付けていきます。実習にあたっては、服装や衛生面に気を付け、事故防止を心掛け学習します。実習等で必要なものに関しては、学年便りや子供たちを通じて連絡します。

体　育
　自分の力やグループでの運動に応じた課題をもち、活動を工夫しながら学習していきます。鉄棒、マット、跳び箱運動、ハードル走、走り幅跳びや、走り高跳などの運動を行います。保健では、けがの防止，心の健康について学習します。

外国語
　「聞くこと」「話すこと」に加えて、「読むこと」「書くこと」も学習していきます。目的や状況に応じた簡単な語彙や表現を何度もやりとりすることで、実際のコミュニケーションで活用できる基礎的な技能を身に付けていきます。情報を整理しながら、英語で表現したり，伝え合ったりします。

特別な教科である道徳
　安全に気を付け、生活習慣の大切さについて理解し、責任のある行動ができるなど自分の生き方について考えを深める学習をします。誰に対しても思いやりの心をもち、相手の立場に立って親切にするなど、人との関わりについて学習します。生命のつながりを理解し、生命を大切にする態度を育てます。教育活動全体を通して学習していきます。

総合的な学習の時間
　国際理解、情報・プログラミング、環境、福祉・健康などの横断的・総合的な課題や子供たちの興味・関心に基づく課題などに取り組みます。子供たちが自分なりに判断し、行動していけるように、教科の枠を超えた学習をすすめていきます。

特別活動
　友達と互いに信頼し、助け合うことについて学習します。与えられた仕事をきちんと果たすことや、進んでみんなのために働くことの大切さを学びます。「自分は役立っている」という実感をもつことは、自己の自信となり、人間関係をより良くすることにもなります。友達と協力して楽しい集団をつくっていこうとする態度を育てます。

☆　委員会活動のお知らせ　☆
　5年生から委員会活動が始まります。学校全体の生活を楽しく豊かにするための活動を分担して行います。

第1章　そのまま保護者会資料

5年生　夏休み前（7月）
夏休みの過ごし方や脳の成長について知らせる資料

　夏休みは、子どもにとっても家族にとっても、貴重な時間です。高学年になると、これまでと違って夏休みの過ごし方も子どもたちによって変わってきます。規則正しい生活ができるように、勉強時間についてお子さんと話し合ったり、夏休みの計画を立てたりすると、より効果的に過ごせることを伝えましょう。

　5年生の7月の保護者会では、次の資料を配布し、話題に取り上げると良いでしょう。
　　①夏休みの計画の立て方について
　　②脳の働きについて

　3学期制の学校では、夏休み前に通知表が配られます。夏休みは1学期の復習をする絶好の機会です。7月の保護者会では、通知表に示された1学期の結果を踏まえ、夏休みに取り組むべきことを親子で話し合うことも保護者会の話題にしましょう。

保護者の不安を理解しておこう

　夏休みを前に、保護者から、「夏休みになると今までの生活のリズムが乱れてしまいます」「毎年ぎりぎりで親子で宿題をやり、2学期を迎えるといった感じです」「高学年にもなったので夏休みを有効に使ってほしいと考えています」といった相談が出されました。
　今回は、親子で考える計画の立て方や、規則正しい生活は、脳の成長のためにも必要であることを伝える資料を掲載します。

5年保護者会資料　　　月　　　日

計画を立てるための5つのステップ

1. 予定を書き出してみよう
　塾や習い事、学校行事、宿題、旅行など決まっている予定だけでなく、プール、サッカー、漢字の復習、日記、ゲームなどやりたいことも書き出します。全体を把握して計画を立てることが大切です。

2. 目標を数値で示す
　「一日一枚のプリントをする」「日記を毎日15分書く」など数字で表します。目標に数を入れると毎日にリズムが生まれます。見ている側も、やり遂げたことが分かりやすく、認め、声かけし褒めることができます。予定時間は、多めに取るのがポイントです。時間内に終わることが達成感につながります。

3. 行動の優先順位をつける
　やらなくてはいけないこと、家族や友だちなどと約束していることを優先します。その次に優先すること、やりたいことの順番で行動します。見通しをもつ力になります。

4. 計画表に書いてみる
　予定は表にしておくことが効果的です。計画表をみれば、やることも忘れていることもはっきりします。毎日の（起きる、朝ごはん、寝る）ことも書きこんでおきましょう。

5. 何も予定のない日をつくっておく
　計画をすべての日には入れずに予定のない日を作っておくことも大切です。予定のない時間にやれなかった事、やりたい事をいれることができます。調整可能な計画になります。

5年保護者会資料　　　月　　　日

子どもの脳のはたらきと成長

【4歳から7歳】

直感力を養います。

動作・ふるまいや空間認識を司る小脳の発達期でもあり、動作・ふるまい、空間認識、言葉、意識が結びつくことで直感が働くようになります。親が一緒に行動し、動作を見せることや本の読み聞かせで日本語の発音を体感させたり、スポーツや習い事を始めたりすることに適しています。

【8歳ごろ】

長い文脈が理解できるようになるにつれ複雑な感情を抱くようになり、親子で対話し読書させることが重要になります。

【9歳から11歳】（3年生から5年生）
感じる力、考える力、直感力の連携適齢期

直感で感じたことを顕在意識に引き上げ、思考力につなげる大切な時期です。3つの連携によって、発想力に富んだ柔軟でタフな脳に育っていきます。

これが進行するのは夜寝ている間なので、早寝、早起きが大切です。

※脳の成長には、臨界期という発達のタイムリミットがあり、ある年齢までに身につける能力はそれを超えると獲得しにくくなります。それぞれの時期での、家庭教育、支援、見守りが必要です。

脳の海馬のはたらき

　脳の中、海馬というタツノオトシゴの形をしている場所があります。記憶に関わりがあり、起きている間に体験したこと、学んだことを記憶し、睡眠中に活性化し知識に変換する工場です。

　この海馬（工場）がよく動き出すためには条件があります。

　人は夜寝ている間に記憶が整理されます。そのため海馬は、ぐっすりと眠ると活発に動き出します。例えば、起きている間に体験したことや学んだことを記憶し、あとで応用できるように知識として構築します。

　前の晩にできなかった問題が翌日解けることがあります。これは、眠ることで海馬が働き、記憶が整理され、使える知識になったからです。
　海馬が最も活性化する時間帯は深い睡眠を助ける脳内物質メラトニンの分泌量がピークとなる午後10時から午前2時までです。この時間に寝ていれば、脳が育つことにつながります。
　ですから、お布団の中に入る時間は、それを見越して、10時より早くなります。低学年では8時、高学年でも遅くとも9時には床につくのが望ましいでしょう。

第1章　そのまま保護者会資料

5年生　冬休み前（12月）
お年玉の使い方や冬休みの過ごし方についての資料

　子どもたちが一番お金持ちになる時期になりました。お正月にはお年玉をもらいます。普段持ちなれない大きなお金を持つと、トラブルになることがあります。お金の使い方について話題にすると保護者会が盛り上がります。

　5年生の12月の保護者会では、次の資料を配布し、話題に取り上げると良いでしょう。
　　①お金の使い方について
　　②日本の伝統文化について

　冬休みは、お金について、家族で考えるチャンスでもあります。もらったお年玉の額は数千円から数万円と、家庭によって違います。全額子どもの自主性に任せてしまう、半分は貯金して半分を使えるようにする、全額親が預かる、様々な方法が考えられます。親子で話し合い、よい方法を見つけるのが大切です。

保護者の不安を理解しておこう

　冬休みには、クリスマスやお正月など子どもにとって楽しみなイベントがありますが、一方保護者にとっては、生活習慣が乱れないかが心配の種です。「他のご家庭では、冬休みの過ごし方やお金の扱い方をどうしているのでしょうか」と質問されました。
　保護者会では最低限守ってほしいことのみを伝えましょう。また、過去に起こったお金のトラブルについて事実を話すこともあります。

5年生　冬休み前（12月）

5年保護者会資料　　　月　　日

お金のトラブルを防ぐために

1. 子どもだけで高額のお金を使わない
　普段と違い財布の中に千円、二千円と入っていると気が大きくなる子どもがいます。必要のない物を買ってしまう危険性が出てきます。お金の使い方について親子で話題にしましょう。

2. 大金を持ち歩かない
　落としてしまったら悲しい思いをします。大金を持っていたために危ない目にあうこともあります。必要な額だけ持ち歩くことが大切です。

3. おごったりおごられたりしない
　子どもたちだけでお店に行ったとき、おごったりおごられたりすることがあります。そこから「利子をつけて返して」「五百円くらい貸したよ」「そんなに借りていないよ」等とお金を巡ってのトラブルが発生する場合があります。お金の貸し借りはやらないように親子での話し合いが必要です。

「最低限身に付けるべき金融リテラシー」（金融リテラシー：お金の知識・判断力）

【低学年】
①こづかいやお年玉を貯めてみる
②こづかいの使い方を通して計画的に買い物をすることの大切さに気付く

【中学年】
①貯蓄の意義を理解し、計画的に貯蓄する習慣を身に付ける
②計画的にお金を使うことの大切さを理解し、実践する態度を身に付ける
③生活を支えている人々に尊敬と感謝の気持ちをもつ

【高学年】
①将来何に使うかを考え、計画的に貯蓄する態度を身に付ける
②将来を考え金銭を計画的に使う態度を身に付ける
③自分のお金の使い方が社会や環境に与える影響について考える

引用：2015年6月金融庁　金融経済教育推進会議より

第1章　そのまま保護者会資料

|5年保護者会資料　　　月　　　日|

充実した冬休みを過ごすために

1. 家での約束

① 子どもたちも家の仕事を担当しましょう。年末年始は家の人も忙しいのです。

　「お手伝いしてね」と家の人が言っても「めんどくさい」「やりたくない」と子どもたちに甘え心が出てきます。そんなとき、きちんと家族の一員としての自覚をもたせるために、自分でできる仕事を選ばせることが大切です。そしてやり遂げたら必ず認め褒めましょう。

② 冬休みであっても普段どおりの生活を心がけましょう。

　休みになると、遅寝遅起きになる子どもがいます。高学年にもなると、テレビ番組を大人と一緒に見たがる場合もあるでしょう。ある学級でアンケートを取ってみると、一番遅く寝る子が午前2時、午後10時ごろから11時ごろに寝る子が一番多くいました。「寝る子は育つ」という言葉もあるように、早寝早起きの習慣は乱さないようにしましょう。

③ テレビを見る時間やゲームをする時間を決めましょう。

　長時間のテレビ・ゲーム視聴は健康によくありません。時間を守ってやりましょう。一日1時間半を越えると忘れ物、計算力の低下などが目立つようになるという調査結果もあります。

④ もらったお年玉の使い方は相談して決めましょう。

　冬休みにもらうお年玉については、頂いた方や金額について親も把握しておきましょう。お金の大切さや遣い方について話し合うチャンスです。それが働くということにもつながっていくからです。

2. 外に行く時の約束
① 行き先や会う相手、帰ってくる時間を聞いておく
　行動範囲がだんだん広くなってきています。誰と、どこに行くのか、何時に帰ってくるのか、親が必ず把握しておきましょう。定位置に黒板やメモを置き見れば分かるようにしておきましょう。危機管理にもなります。

② 防犯ブザーや携帯電話での安全対策
　学校にいる時と違い、一人一人が自分の身を守る力が必要です。そのためには、保護者との連絡が取れるためのスマホや携帯電話を活用することも良いでしょう。使い方についての親子の約束も大切です。ランドセルについている防犯ブザーも電池切れなどの確認をしておきましょう。

3. 年中行事に挑戦
① 年賀状を書いてみましょう。
　仲のいい友達や親戚の人、先生などに書いてみましょう。書いて送る楽しみはもらう嬉しさとも違っています。宛名書きの練習をするのもいいです。

年賀状

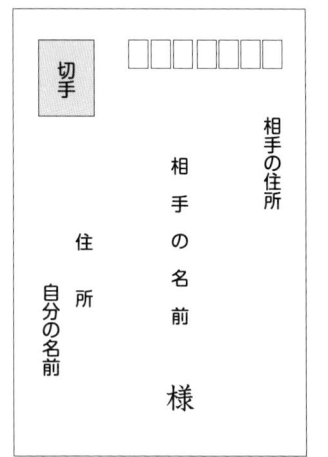

② 新年の祝いごとを調べてみましょう。
　身近な人に聞いたり、調べたりするのも新しい発見があります。

　Q：年越しそばを食べるのはなぜ？
　A：そばは細長いので、そばを食べると長生きできると言われています。年越しそばを残すと翌年金運に恵まれないとも言われます。諸説あります。
　Q：おせち料理は重箱に詰めるのは、なぜ？
　A：「めでたさを重ねる」という意味で縁起をかつぎ重箱に詰めて出されます。

5年生　年度末（3月）
成長を実感し褒めるポイントを見つける資料

　小学校生活が5年間たちました。身長が伸び、親とほぼ変わらない子どももでてきます。子どもたちはそれぞれに成長しました。5年生の年度末の保護者会では、この1年間で子ども達がどれだけ成長したか、分かりやすく振り返りができると保護者も担任に感謝し、1年を締めくくることができます。

　5年生の3月の保護者会では、次の資料を配布し、話題に取り上げると良いでしょう。
　　①子どもの成長が分かるチェックポイント
　　②5年生でできるようになったこと
　成長を確認することができる資料

　保護者にお子さんの成長についての感想を書いてもらいましょう。その感想を子どもたちに伝えるようにしましょう。反抗期をむかえた子どもたちですが、褒め言葉は喜んで受け入れることでしょう。

保護者の不安を理解しておこう

　保護者から「学習内容を理解しているでしょうか」という質問や「最近、怒ることばかりが多くてなかなか褒めることがありません」という声が寄せられます。
　保護者会では、5年生の子どもたちの成長を詳しく伝えるとよいでしょう。「成長がわかるチェックポイント」と「できるようになったこと」という資料を配布します。
　チェックすることで、より子どもの成長を実感することができるでしょう。実感することが安心することにもつながります。

5年生　年度末（3月）

5年保護者会資料　　　月　　日

子どもの成長が分かる15のチェックポイント

①ノートは、ていねいに、見やすくかいていますか。　　　（はい・いいえ）
②漢字テストで100点を取ったことがありますか。　　　　（はい・いいえ）
③計算テストで100点を取ったことがありますか。　　　　（はい・いいえ）
④本を読むのが好きですか。　　　　　　　　　　　　　　（はい・いいえ）
⑤歌を歌うことは好きですか。　　　　　　　　　　　　　（はい・いいえ）
⑥好きな曲が流れてくると、自然に体や手でリズムをとりますか。（はい・いいえ）
⑦自分の手を使って工作するのは好きですか。　　　　　　（はい・いいえ）
⑧1日に50分間、机に向かうことができますか。　　　　　（はい・いいえ）
⑨早寝・早起きはできていますか。　　　　　　　　　　　（はい・いいえ）
⑩身近な人に気持ちのよいあいさつができていますか。　　（はい・いいえ）
⑪机のまわりの整理整頓ができますか。　　　　　　　　　（はい・いいえ）
⑫朝ごはんを毎日食べていますか。　　　　　　　　　　　（はい・いいえ）
⑬好き嫌いなく　食事をすることができますか。　　　　　（はい・いいえ）
⑭犬やネコなどを飼ったり、花を育てたりするのはすきですか。（はい・いいえ）
⑮将来、なりたいものが決まっていますか。　　　　　　　（はい・いいえ）
　　それは何ですか？　　　　　　　　　　　　　　（　　　　　　　）

　子どもたちは1年間で学習はもちろん、心も体も大きく成長しました。
　これからも学習だけでなく、心も体も成長していくお子さんを見届けてほしいと考えています。チェックを終えて、感じていることを書いておくことをお勧めします。そして書いたことを参考にして、これからもお子さんをたくさん褒めてください。

感想

| 5年保護者会資料 | 月　　　日 |

5年生　こんなことができるようになりました

学習について
　1年間、学習してきた主な内容です。お子さんとできるようになったことを確認してください。確実にできると考えられるものは◎、だいたいできると考えられるものは○、まだまだと考えるものは△に印をつけます。ノートや作品を参考にしてできるようになったことと、もう少しのことを確認し、5年生の学習を見直しましょう。

準　備

	◎	○	△
①前日に学校の準備ができる。	◎	○	△
②前日までに、図工や家庭科で必要なものを用意することができる。	◎	○	△

国　語

	◎	○	△
①考えたことを順序よく話すことができる。	◎	○	△
②相手の目を見て話すことができる。	◎	○	△
③伝えたいことを短い言葉で話すことができる。	◎	○	△
④他の意見に対して、自分なりの考えや感想を言うことができる。	◎	○	△
⑤日記の文章を長く書くことができる。	◎	○	△
⑥話題の中心を決めて書くことができる。	◎	○	△
⑦5年生で習った漢字を読むことができる。	◎	○	△

算　数

	◎	○	△
①小数のかけ算やわり算の計算ができる。	◎	○	△
②百分率や割合の計算ができる。	◎	○	△
③分数のたし算とひき算の計算ができる。	◎	○	△

5年生　年度末（3月）

家　庭
① 調理などお手伝いをすすんで行っている。　　　　　◎　○　△
② 家族のための食事を考えることができる。　　　　　◎　○　△

体　育
① 楽しんで運動している。　　　　　　　　　　　　　◎　○　△
② 手洗い・うがいをすすんで行っている。　　　　　　◎　○　△

　春休みを利用して教科書やノートを見直し、もう一度、できなかった問題に取り組んでみましょう。6年生へのスムーズな進級につながります。

〈6年生について〉
　小学校生活のまとめの学年です。最高学年として、運動会やさまざまな行事の際には、学校のリーダーとして全員が活動します。

学年末と学年始めの行事

> 3月　　日（　）卒業式／3月　　日（　）修了式
> 3月　　日（　）～4月　　日（　）春休み
> 4月　　日（　）1学期　始業式・着任式
> 4月　　日（　）入学式

大切な行事が続きます。行事の意味を考え、心を込めて参加できるように指導していきます。

第1章　そのまま保護者会資料

6年生　新学期（4月）
1年間の学習の見通しや子どもの成長に関する資料

　小学校生活最後の学年として、この1年間は、卒業式をはじめ様々なイベントが行われます。子どもが大人へと成長する時期です。小学校から中学校へと子どもの生活環境が大きく変化するこの時期、子どもは心身ともに不安定になりやすく、学校や家庭での教育や子どもへの接し方が重要になってきます。保護者の不安を解消する資料を用意して、第1回の保護者会の準備をしましょう。

　6年生の4月の保護者会では、次の資料を配布し、話題に取り上げると良いでしょう。
　　①学習指導要領に基づく6年生の学習について
　　②6年生の心と身体の特徴

　個人差はあっても、6年生の多くが思春期に入り、多感ゆえちょっとした事にも敏感になります。子どもの成長に関わる資料や学校の教育目標や学年目標、学級目標、年間行事予定、6年生で学習することを書いたものをプリントも配布するとよいでしょう。学習面の資料は、学習指導要領の教科目標を参考に作成しています。1年間多くの行事が行われる中で、学習面、生活面ともに、家庭との連携を強化するうえでも、懇談会は絶好の機会です。

保護者の不安を理解しておこう

　保護者から「子どもに学習がどれだけ身に付いているのか分からない。中学校に進学するまでに、きちんと身につけて欲しい」と言われました。中学進学への不安を取り除くよう、6年生の1年間でどのような力をつけるのかを具体的に説明することができることが大切です。

6年保護者会資料　　　月　　　日

6年生の心と身体

1．体の発育
　思春期に入った6年生の子どもたちは、少しずつ大人の体に変わり始める時期です。身長が伸びたり体重が増えたり、ホルモンの働きで第二次性徴が始まり、体つきにも性差がでてきます。女子の方が、成長が早い傾向があります。心よりも体の方が早く成長するので、そのアンバランスでイライラすることもあります。周りの大人は、温かく見守ってあげることが大切です。

2．心の成長（思春期）

①　知的な発達
　知識欲が旺盛になり、抽象的、論理的、客観的な考え方ができるようになります。ごまかしがきかず、理屈っぽく、大人の言うことにかみついてくることもあります。真剣に受け答えをすることが、信頼関係を深めていきます。大人同士の本音で話し合うことができるようになったのだと喜びましょう。

②　多感で傷つきやすい
　グループからはずれることを恐れ、周りの目を気にするようになります。友人関係に気遣いすぎたり、自分の期待した状況にならなかったりすると、疲れやストレスを感じることもあります。ちょっとしたことで傷ついたりもします。大人は見守る余裕が必要です。

③　異性を意識する
　頭ではわかっていても、心にないことを言うこともあります。異性への関心が高まり、意識するようになります。子どもたちの間で、「〇〇さんが好き」という話題も多くなってきます。成長の段階だと理解しましょう。

6年保護者会資料　　月　　日

6年生の学習

国　語
　今までの学習指導要領で「話すこと・聞くこと」、「書くこと」、「読むこと」の3領域で構成していた内容が、〔知識及び技能〕及び〔思考力、判断力、表現力等〕に構成し直されました。人との関わりの中で伝え合う力を高め、筋道立てて考える力を育て、自分の思いや考えを広げる学習をします。短歌、俳句、いろはかるた、百人一首など昔から伝えられてきた日本語のリズムに親しむ学習もします。

社　会
　「日本国憲法や政治のしくみ」「日本の歴史」「世界の中の日本の役割」などについて学習します。日常生活における政治の働きを学び、国家の発展に大きな働きをした先人の業績、優れた文化遺産や我が国の役割について理解を深めます。

算　数
　「計算ができる」などの知識及び技能だけではなく、計算の意味や仕方を考えたり説明したりする思考力・判断力・表現力も身に付けていきます。「分数のかけ算、わり算」「円の面積、角柱の体積」「比や比例」などについて学習します。新たに「統計的な問題解決の方法」などの内容が加わりました。これまでの学習内容がしっかり身に付いているか、確認しながら、定着できるようにします。

理　科
　「生物の体のつくりと働き」「水溶液の性質」「物の燃焼」「私たちの生活と電気」「土地のつくりと変化の様子」「月と太陽の関係」などの学習をします。実験では、疑問に思ったことや予想したことを科学者になったつもりで調べていきます。仮説をたて、実験し、結果をまとめていきます。見いだした問題を多面的に追究する活動を行います。

音　楽
　曲の特徴にふさわしい表現を工夫し歌唱します。楽器の音色や全体の響き、伴奏を聴いて、音を合わせて演奏します。曲や演奏のよさを見付け、曲全体を味わって鑑賞します。様々な楽器や世界の音楽に親しむ中で、音楽の楽しさを味わいます。

図画工作
　絵や立体、造形遊びなどの活動を通して、材料や用具についての経験や技能を生かしたり、表現に適した方法などを組み合わせたりするなどして　工夫して作品をつくります。

6年生　新学期（4月）

> ☆★　お 願 い　★☆
> 活動内容によって材料や用具が必要となります。学校で一括購入する場合もありますが、ペットボトルや空き箱などご家庭のご協力をお願いします。準備物につきましては、学年だよりなどで事前に連絡します。

家　庭

　調理や製作等、衣食住などに関する実践的・体験的な活動を通して、日常生活に必要な基礎的な理解と技能を身に付けていきます。家庭や地域との連携を図り、身に付けた知識及び技能などを日常生活に活用していきます。実習等で必要なものに関しては、学年便りや子供たちを通じて連絡します。

体　育

　自分の力やグループでの運動に応じた課題をもち、活動を工夫しながら学習していきます。器械運動、陸上運動、ボール運動、表現運動などに積極的に取り組み、各種の運動の楽しさを味わいながら技能を身に付けます。保健では、病気の予防について学習します。

外国語

　「聞くこと」「話すこと」に加えて、「読むこと」「書くこと」も学習していきます。目的や状況に応じた簡単な語彙や表現を何度もやりとりすることで、実際のコミュニケーションで活用できる基礎的な技能を身に付けていきます。情報を整理しながら、英語で表現したり，伝え合ったりします。

特別の教科である道徳

　目標を立て、希望と勇気をもち、努力して物事をやり抜くことや探究するなど、自分の生き方について考えを深める学習をします。友達を信頼し、友情を深め，異性についても理解し、誰に対しても差別をすることなく、人との関わりについて学んでいきます。日本人としての自覚をもって国際親善に努める態度を育てます。教育活動全体を通して学習していきます。

総合的な学習の時間

　国際理解、情報。プログラミング、環境、福祉・健康などの横断的・総合的な課題や子供たちの興味・関心に基づく課題などに取り組みます。子供たちが自分なりに判断し、行動していけるように、教科の枠を超えた学習をすすめていきます。

特別活動

　友達と互いに信頼し、助け合うことについて学習します。与えられた仕事をきちんと果たすことや、進んでみんなのために働くことで、「自分は役立っている」という実感をもち、自信につながります。協力して楽しい集団をつくっていこうとする態度を育てます。

　　☆　　学校全体のリーダー　　☆

　最高学年として、クラブ活動や委員会活動でも、クラブ長や委員長、書記など、活動をリードする場面が増えてきます。学校行事でも、異年齢集団の交流の中心となる活動をします。

第1章　そのまま保護者会資料

6年生　夏休み前（7月）
夏休みの事件・事故に対応するための資料

　夏休みは、普段できない経験を積むことができるよい機会です。高学年にもなると交友関係や行動範囲も今まで以上に広くなります。この時期だからこそ、親子で共通理解しておきたいことを子どもたちと話し合い、楽しく充実した夏休みを過ごせるようにしましょう。

　保護者会では、1学期の様子とともに学習のこと、教室の様子などを報告しますが、最近は防犯上学校でも集団下校や不審者侵入訓練など各校で様々な取り組みがされています。学校で配布される夏休みのしおりとともに配布し保護者会で話し合います。

　6年生の7月の保護者会では、次の資料を配布し、話題に取り上げると良いでしょう。
　　①夏休みの防犯・安全対策について
　　②インターネットの正しい使い方

この時期に必ず指導したい資料です。

保護者の不安を理解しておこう

　保護者から次のような連絡を受けました。
　「6年生になり、遠くへ友だちと出て行く機会が多くなりました。夏休みは、私の目が届かないときに子どもだけで過ごすことになり、不安です。最近、社会では様々な事件が起こっているので子どもたちと一緒に夏休みに入る前に話をしたいと思っています」
　今回は、保護者会で活用できるグラフや事例について保護者と話し合いができる資料を掲載します。

6年生　夏休み前（7月）

6年保護者会資料　　月　　日

夏休み　こんな時はどうする？

１．子どもだけで行く外遊び

　防犯ベルと携帯電話は、正しい使い方を教え、もたせておくと安心です。子どもだけで行ってはいけない場所（ゲームセンターなど学校の決まりとあわせて）とその理由も一緒に話し合っておきましょう。出かけるとき、着いたとき、場所を移動するときには親に連絡するようにしましょう。またお小遣いは必要最低限の金額を渡すようにします。

２．子どもだけの留守番

　電話やインターホンの呼び出し音やコールの回数など、家族からの電話は分かるようにします。子どもだけの留守番だと分からないようにしましょう。
　また、電話で友だちの住所や電話番号など個人情報の問い合わせには不用意に答えないように教えておきましょう。

３．家族旅行

　家族旅行での知らない場所では、はぐれたり、迷ったりした時の集合場所を決めておきましょう。集合場所がわからないときは、案内受付などに行く方法も教えておきましょう。

　子どもが多く集まる場所には、子どもを狙う不審者も引き寄せられます。一人の留守番の時は、訪問者や電話に対応させないことも必要です。夏休みを安全に送れるように、危険に陥らないように、親子での話し合いや約束事を決め、環境を整えておくことが大切です。

6年保護者会資料　　　月　　　日

1　SDGsについて知ろう

　最近は、テレビの番組にも取り上げられるようになり、多くの人に認知されるようになってきました。

　国や自治体だけでなく、企業、民間の団体、学識者をはじめ、みんなで目標に向かって努力しようという世界的な動きです。

JAPAN SDGs Action Platform　　　　　　外務省HPより

〈持続可能な開発目標SDGs エス・ディー・ジーズとは〉

　持続可能な開発目標（SDGs）とは、2001年に策定されたミレニアム開発目標（MDGs）の後継として、2015年9月の国連サミットで採択された「持続可能な開発のための2030アジェンダ」にて記載された2030年までに持続可能でよりよい世界を目指す国際目標です。17のゴール・169のターゲットから構成され、地球上の「誰一人取り残さない（leave no one behind）」ことを誓っています。SDGsは発展途上国のみならず、先進国自身が取り組むユニバーサル（普遍的）なものであり、日本としても積極的に取り組んでいます。

■SDGs（Sustainable Development Goals）

　Sustainable　　持続可能な（ずっと同じように続けていくこと）
　Development　　開発（新しいものを作り出すこと）
　Goals　　　　　目標（目指すもの）

■SDGsが目指していること

　No one left behind　　（誰一人として取り残さない）

■SDGsのキーワードの5つのP

　People（人間）　　　Planet（地球）　　　Prosperity（豊かさ）
　Peace（平和）　　　Partnership（協力関係）

6年生　夏休み前（7月）

SDGs －国連　世界の未来を変えるための17の持続可能な開発目標

なまえ

SDGsの17の目標を覚えよう

① ロゴにある目標を探して線で結びましょう。

1 NO POVERTY
5 GENDER EQUALITY
4 QUALITY EDUCATION
7 AFFORDABLE AND CLEAN ENERGY
13 CLIMATE ACTION
8 DECENT WORK AND ECONOMIC GROWTH
15 LIFE ON LAND
17 PARTNERSHIPS FOR THE GOALS

- 貧困をなくそう
- 飢餓をゼロに
- すべての人に健康と福祉を
- 質の高い教育をみんなに
- ジェンダー平等を実現しよう
- 安全な水とトイレを世界中に
- エネルギーをみんなに そしてクリーンに
- 働きがいも経済成長も
- 産業と技術革新の基盤をつくろう
- 人や国の不平等をなくそう
- 住み続けられるまちづくりを
- つくる責任 つかう責任
- 気候変動に具体的な対策を
- 海の豊かさを守ろう
- 陸の豊かさも守ろう
- 平和と公正をすべての人に
- パートナーシップで目標を達成しよう

3 GOOD HEALTH AND WELL-BEING
6 CLEAN WATER AND SANITATION
2 ZERO HUNGER
10 REDUCED INEQUALITIES
11 SUSTAINABLE CITIES AND COMMUNITIES
14 LIFE BELOW WATER
9 INDUSTRY, INNOVATION AND INFRASTRUCTURE
16 PEACE, JUSTICE AND STRONG INSTITUTIONS
12 RESPONSIBLE CONSUMPTION AND PRODUCTION

第 1 章　そのまま保護者会資料

> ### 6 年生　冬休み前（12 月）
> # 小学校残り 3 ヶ月を効果的に過ごすための資料

　6 年間の小学校生活も、残り 3 ヶ月になりました。卒業式にむけて、様々な準備や練習も始まります。また、受験など今後の進学について心配の多い保護者も見られます。

　6 年生の 12 月の保護者会では、次の資料を配布し、話題に取り上げると良いでしょう。
　　①中学進学への最終チェック
　　②やりぬく力の大切さ＆家庭でできる食育情報

　学力と社会性の関係について様々なことがわかり始めています。
　夢や目標を達成してきた人に共通するところがあるようです。
　目の前の課題に対して取り組むための集中力、やり遂げる持続力、忍耐力、決断力、行動力こそ学習だけで形成できるものではありません。

保護者の不安を理解しておこう

　この時期、子どもも保護者も中学への進学について考える大切な時期です。生活面も学習面も振り返るチャンスです。
　中学受験の子どもは夜遅くまで、日々勉強してきたことでしょう。試験は日中行われます。成果を発揮するためにも、夜型のリズムを変える時期です。夜はしっかり睡眠を取り、体力面でも備えましょう。
　進学する中学の見学や先輩の話を聞くなどして、不安を取り除き、残りの小学校生活で中学への準備をしっかりできるよう努力しましょう。

6年生　冬休み前（12月）

6年保護者会資料　　　月　　　日

中学進学への最終チェック

1. できた問題をチェックし、できないところを見つける

　小学校の6年間の総仕上げの最終段階に入りました。これまで学習した問題集を取り出し、できたところに✔（チェック）をしてみましょう。同じ問題集を何度も繰り返しチェックをしていきます。4回ほどくり返すとほんの少しできない問題が残ります。その問題をやり遂げれば、実力がアップします。
＊第1章1年生7月「算数の教科書問題の復習」のやり方参照

2. 体調管理をしっかりしましょう。

　不規則な食事時間、慢性的な睡眠不足に気をつけましょう。寒さや疲れから、抵抗力が落ち、風邪をひきやすくなります。受験の場合、体調をくずしたり、怪我をしたりして、実力が出なかったら、これまでの努力が報われません。体調管理は保護者の大きなサポートが必要です。

残り3ヶ月の有意義な過ごし方

　卒業に向けてやることがたくさんあります。3ヶ月と言いながら、登校するのは50日ほどです。そして、クラブや委員会活動では部長、委員長の役割を5年生へとバトンタッチしていますが、最高学年としてまだまだ頼りにされる存在です。やがて、6年生は少しずつ送られる側となっていきます。やり残したことはないか、冬休みにじっくり考えてみるとよいでしょう。

《行事予定》
　1月　書き初め大会、東京（国会議事堂）見学
　2月　持久走大会、卒業式に向けての練習
　3月　卒業式

6年保護者会資料　　　月　　　日

やりぬく力の大切さ

1. 人生の成功に大切な力

　IQや学力の高さだけが人生の成功をもたらすわけではありません。後天的に身につけることのできる力があります。ノーベル経済学者のジェームズ・ヘックマン教授から多くの学者たちが挙げる人生を成功に導くキーワードが、「非認知能力」です。

　教育経済学者の中室牧子・慶應義塾大学総合政策学部准教授は、出版した『「学力」の経済学』で、科学的根拠に基づいて教育の費用対効果を検証しました。"やり抜く力"が非認知能力の1つに取り上げられています。

　ゴールに向かって、興味を失わず、努力し続ける力です。様々な研究によって、状況によらず、やり抜く力が強いことが成功の鍵となることが明らかになっています。やり抜く力のほかに、非認知能力には、意欲、忍耐力、自制心、自分の状況を把握する「メタ認知ストラテジー」、リーダーシップや社会性、すぐに立ち直り対応できる「回復力と対処能力」、創造性、好奇心など、さまざまなものがあります。

2. 努力をみとめるほめ方

　『頭がいいのね』より『よく頑張ったね』と努力を認める褒め方が注目されています。努力の中身を褒められた子供は、成果は努力によって決まってくると考えるため、より難しい課題に粘り強く挑戦しようとする傾向がみられたそうです。

家庭でできる食育

　アメリカの「マクガバンレポート」という報告書があります。1970年代、アメリカは年々増え続ける医療費に頭を抱えていました。さまざまな調査や研究の結果、問題は「食べ物」であることがわかりました。

　「日本食は健康食」と言われています。食はそのまま身体に表れます。その場で表れなくても数年後、数十年後に影響が出てきます。家庭でできる食育についていくつか紹介します。

1.「いただきます」「ごちそうさま」を言いましょう

　日本では食べるときに「いただきます」と手を合わせます。料理を作ってくれた人への感謝の気持ちとともに、料理のもとになっている生き物の命をいただくという感謝の意味でもあります。「いただきます」という意味を込めてあいさつする国は世界中探しても日本くらいしか見当たりません。

　「ごちそうさま」は「ご馳走様」と書きます。これも作ってくれた人への感謝、食べたものへの感謝の言葉です。

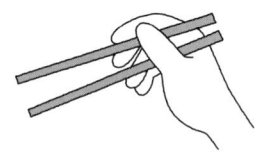

2. 箸は正しく持ちましょう。

　箸は、スプーンやフォークなどと比べてもたくさんの働きができます。

- **スプーン**：　すくう・まぜる
- **ナイフ**：　切る
- **フォーク**：　さす
- **箸**：　切る・さす・すくう・まぜる・つかむ・つまむ・押さえる・分ける・運ぶ・はがす・まく・ほぐす等

　きちんと箸が持てないとこれらの働きが十分にできません。正しい箸の持ち方を家庭でゆっくり教えましょう。

＊箸の使い方で、やってはいけないことがあります。「にぎりばし」「さしばし」「わたしばし」「ねぶりばし」などそれぞれに意味があります。

6年生 年度末（12月）
成長を実感し褒めるポイントを見つける資料

　3月の保護者会では、「6年生でできるようになったこと」を配布し、1年間の学習についてまとめましょう。合わせて、中学校での教科や生活についての話もできると、中学への進学について安心することでしょう。

　また、できることと苦手なことをはっきりさせることは、具体的に復習する必要があることを伝えることにもなります。

　小学校のまとめと中学入学の準備をしっかり行えるように、保護者を励ますことも大切です。

　6年生の3月の保護者会では、次の資料を配布し、話題に取り上げると良いでしょう。
　　①子どもの成長が分かるチェックポイント15
　　②1年間の振り返りチェックシート
　成長を確認することができる資料

保護者の不安を理解しておこう

　保護者から「卒業式が終わってから、中学入学までかなりの日数があります。何をして過ごしているといいのでしょうか。せっかくの時間なので、無駄にしたくありません」と声が寄せられました。

　保護者会では、掲載している資料を活用すると学習面で個人が苦手としている箇所が明確になります。できるところを何度も反復練習するよりも苦手な箇所を集中して取り組むことが学力向上の一歩となります。

6年生　年度末（12月）

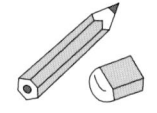

6年保護者会資料　　　月　　　日

子どもの成長が分かるチェックポイント15

①ノートは、ていねいに、見やすくかいていますか。　　　（はい・いいえ）
②漢字テストで100点を取ったことがありますか。　　　（はい・いいえ）
③計算テストで100点を取ったことがありますか。　　　（はい・いいえ）
④本を読むのが好きですか。　　　（はい・いいえ）
⑤生き物を飼ったり、植物を育てたりするのはすきですか。　（はい・いいえ）
⑥歌を歌うことは好きですか。　　　（はい・いいえ）
⑦絵を描いたり工作したりするのは好きですか。　　　（はい・いいえ）
⑧1日に60分間、机に向かうことができますか。　　　（はい・いいえ）
⑨机のまわりの整理整頓ができますか。　　　（はい・いいえ）
⑩早寝・早起きはできていますか。　　　（はい・いいえ）
⑪身近な人に気持ちのよいあいさつができていますか。　（はい・いいえ）
⑫朝ごはんを毎日食べていますか。　　　（はい・いいえ）
⑬好き嫌いなく 食事をすることができますか。　　　（はい・いいえ）
⑭将来、なりたいものが決まっていますか。　　　（はい・いいえ）
　それは何ですか？　　　（　　　　　　　）
⑮6年間で一番印象残っている思い出は何ですか
　（　　　　　　　　　　　　　　　　　　　　　　）

感想

第 1 章　そのまま保護者会資料

6 年保護者会資料　　　月　　　日

6年生　こんなことができるようになりました

学習について

　1 年間、学習してきた主な内容です。お子さんとできるようになったことを確認してください。確実にできると考えられるものは◎、だいたいできると考えられるものは○、まだまだと考えるものは△に印をつけます。ノートや作品を参考にしてできるようになったことと、もう少しのことを確認し、復習が必要なことを見直しましょう。

国　語

	◎	○	△
①考えたことを順序よく話すことができる。	◎	○	△
②相手の目を見て話すことができる。	◎	○	△
③伝えたいことを短い言葉で話すことができる。	◎	○	△
④他の意見に対して、自分なりの考えや感想を言うことができる。	◎	○	△
⑤小学校で習う漢字 1,006 字を読むことができる。	◎	○	△

社　会

	◎	○	△
①歴史人物に興味をもち、その人物について調べている。	◎	○	△
②政治や選挙、税のはたらきについて理解している。	◎	○	△
③博物館や資料館などの見学や調査が好きである。	◎	○	△
④図書館やパソコンを活用して、資料の収集などを行うことができる。	◎	○	△

算　数

	◎	○	△
①分数のかけ算やわり算の計算ができる。	◎	○	△
②円の面積を求めることができる。	◎	○	△
③速さについて理解し、計算することができる。	◎	○	△
④身の回りから対称な図形を見つけることができる。	◎	○	△

6年生　年度末（12月）

理　科
①科学や自然について興味をもち、質問したり調べたりすることができる。　◎　○　△
②観察や実験の結果を説明することができる。　◎　○　△
③理科の授業で、ものをつくることができる。　◎　○　△
④実験の結果から考えをまとめることができる。　◎　○　△

家　庭
①調理などお手伝いをすすんで行っている。　◎　○　△
②家族のための食事を考えることができる。　◎　○　△

体　育
①楽しんで運動している。　◎　○　△
②手洗い・うがいをすすんで行っている。　◎　○　△

　△がついたものは、復習が必要です。春休みを利用して教科書やノートを見直し、できなかった問題に取り組みましょう。中学校進学につながります。

〈中学進学に向けて〉

　中学校では部活動が始まります。活動は自分で選びます。どんなことに取り組みたいか考えておくとよいでしょう。

今後の行事

```
3月　　　日（　）卒業式
3月　　　日（　）～4月　　　日（　）春休み
4月　　　日（　）入学式
```

・最後の春休みです。規則正しい生活を送るように心がけましょう。
・友だちと出かけるときには、安全に気をつけて過ごしましょう。
・小学校の学習の復習をし、中学校でやりたいことを考えましょう。
・中学校入学の準備をしっかりして、入学式を迎えるようにしましょう。

第 2 章

保護者会を盛り上げる マル秘テクニック

第2章 保護者会を盛り上げるマル秘テクニック

お知らせの仕方

> **Q1** 保護者会に出席したくなるような学級通信の書き方を教えてほしい。
>
> 　最近、保護者会に出席する人が少なくなりました。「話を聞いてみたいな、見てみたいな」と思ってもらえるような保護者会の内容にしたいと考えています。
> 　今度の保護者会の前に、学級通信でどのような内容やお知らせの仕方をしたらよいでしょうか。教えてください。

A1　保護者会の案内を工夫しよう。

　学級通信は、読むというより見るという感じを心がけます。多くの保護者は、忙しいと斜め読みをしがちです。まず、保護者の目に留まるような書き方とレイアウトを工夫します。例えば、「子どもたちのビデオを見せます。子どもたちがいきいき活動している様子がわかります。」などと書きます。

　さらに、読み過ごした保護者の目にも留まるように、2週間前、1週間前などだんだん具体的にしながら繰り返し知らせます。また、大事な連絡は、いつも中央の枠組みの中に書くなど、学級通信の形式を決めておくと保護者も「ここだけは読もう」と思い、出席することにつながっていきます。

お知らせの仕方

| ○○小学校
4年○組
学級通信 | **あ み い ご** | 平成28年○月○日
No ○3 |

保護者会のお知らせ

どの子の絵も表情豊かです。

　図工で自画像に取り組みました。自分の顔に触れながら鼻、目、口など手順を示しながら描くという酒井式で描きました。子どもたちは、「わあ、ぷにゅぷにゅしてる」「ごつごつだあ」などと言いながらも真剣に取り組んでいました。子どもたちの作品はどれも力作ばかりで、今までの自画像とは一味もふた味も違った作品になりました。廊下に掲示してありますのでどうぞご覧ください。

保護者会は、○月○日（○曜日）○時から○時までです。

ビデオ放送は保護者会開始の○時から行います。

　今回は、休み時間の大縄跳びの練習風景を見ていただきます。はじめは、なかなか縄に入れなかった子も今では…。すばらしい上達ぶりと子どもたちの協力し合う姿をぜひご覧ください。思わず拍手をしたくなるような映像です。

　どうぞお楽しみに。

細かい作業が大変だったけど、さいごまでていねいにがんばったよ。見てね。

＊親は子どものこのような誘いはうれしいものです。時には、学級通信の一部に子どもの言葉を添え書きするのもよい方法です。

第2章　保護者会を盛り上げるマル秘テクニック

出席簿・名札

Q2 保護者が気持ちよく参加できるような出席簿や名札の作り方を教えてほしい。

　今まで、出席簿を用意したことはありませんでした。しかし、保護者会で、「先生、出席簿がありませんよ」と保護者に指摘されたり、「出席簿を用意するように」と学年主任からも言われたりしました。
　また、学期はじめの忙しい時期に40人の名札を作る時間もありません。簡単に作れて保護者も喜ぶような出席簿や名札を作るときの配慮について教えてください。

A2 小さな配慮で和やかな保護者会にしよう。

出席簿は、毎回新しいものを用意しよう

　かつて、受け持った子どもの一人が、廊下においてあった出席簿を見ながら「ぼくのお母さんは、来ないんだ。」とつぶやきました。親が授業参観や保護者会に出席できないことを、子どもも気にします。保護者にも子どもにも肩身の狭い思いをさせてしまったことに気づかされた出来事でした。
　出席簿があると欠席された方に資料等を渡すときに役立ちます。しかし、保護者会に出席したくてもできない保護者の出席状況を他の保護者に知らせる必要もありません。
　保護者が気持ちよく参観、出席できるように、出席簿は毎回新しいものを用意します。
　色画用紙などに貼って、「ご出席ありがとうございます。出席簿にご記入ください。」と添え書きをするのもよいです。

名札は、子どもたちの手書きのものを用意

　特に、1年生の場合、お手本を見ながら一生懸命に名札を書いた様子を話すと保護者もにこやかな表情になります。この和やかな雰囲気で自己紹介をすれば、話すことが苦手な保護者も安心できます。また、「何を話したらいいだろう」と考えてしまう保護者も名札を見た感想を話すことで気持ちも軽くなります。

　名札の裏側には、好きな絵や夢、目標、家の人へのメッセージなどを絵や言葉でかくと保護者会の話題の一つにもなります。

作り方

　厚手の八つ切り画用紙を四等分します。それを二つ折りした名札は、保管も便利です。低学年でも実物を見せながら指導すれば簡単にできます。同じ大きさの画用紙を四つに折り、三角柱を作る方法もあります。

　近年、安全面や防犯上から、保護者に名札着用のお願いをすることも多くなりました。しかし、文字が小さく読みにくい場合もあります。机上に置く名札も用意して、お互いの名前を少しでも早く覚える機会の一つにします。

第2章　保護者会を盛り上げるマル秘テクニック

運営方法①

> **Q3** 保護者に「来てよかった。聞いてよかった」と思ってもらえるような運営方法を教えてほしい。
>
> 　我が子のために、保護者は忙しい中をやりくりして、保護者会に出席してくれています。しかし、「来てよかった。話を聞いてよかった。」というような思いを抱いてもらえるような運営ができずに困っています。
> 　保護者に喜んでもらえるような運営方法を教えてください。

A3 プログラムを立て、レジュメや資料を用意しよう。

運営方法をシステム化して、予定時刻に終わる
プログラムを立てよう

1. PTA関係の諸連絡

　都合により途中で帰る保護者や兄弟姉妹の教室に移動する方のために、大事な連絡は最初に行います。開始時刻を守る保護者も増えてきます。

2. 行事予定

　4月当初の保護者会で1年間の行事予定表を配っていても、学習進度や内容の変更もあります。次の保護者会までの予定くらいは知らせましょう。

3. 学級の様子（生活面、学習面）

　ポイントをおさえて話をするためにも小見出しを書いたものを用意して、保護者に配布します。

4. 保護者間の交流

　「日ごろの悩みをざっくばらんに話したい」「わいわい話して情報交換の場にしたい」と考えている保護者もいます。

　時間に余裕があれば、保護者間の交流の時間をもつのもよいでしょう。その場合は、座席はすぐグループにできる配慮や時間が長引かないように、始まる前に時間を決め「○時○分に終了します。」と伝えておくことが大切です。

運営方法①

ワンポイントアドバイス
メモしたくなるような話をします。

　学年の特性や家庭で気をつけてほしいこと、家庭教育の知恵など資料を用意してお土産にします。

　例えば「しつけの三原則」などは、とても参考になります。

> **教育学者　森信三先生の「しつけの三原則」**
> - 朝のあいさつをする子に
> - 「ハイ」とはっきり返事ができる子に
> - 席を立ったらイスを入れ、履物を脱いだらそろえる子に

開始時刻と終了時刻を守ろう

　向山洋一氏は、『保護者会が成功する話題＝小辞典（明治図書）』のまえがきに次のように書いています。

> どの方も忙しい中を来られるのですから、終了時刻を越えるということは、一度としてありませんでした。開始時刻も守りました。たとえ三人しかいなくても始めました。後から来る人に時間をあわせるというのは、きちんと来られた方に実に不誠実です。（略）定刻に始めて、早めに終わる。これは、多くの保護者に感謝されました。

　保護者はみんな忙しく、早く帰りたいと思っています。また、終わった後に、個人的に話がしたい人もいます。終了時刻の10分から15分は早く終わるように心がけます。

　授業参観の後、だらだらと帰りの会をしているようでは力のない教師です。保護者を待たせずスマートに保護者会を始めます。

> 時間通りに終わったわね。

> 残りの時間は、子どもと過ごせるわ。

第2章　保護者会を盛り上げるマル秘テクニック

> **映像・画像**

> **Q4** 保護者が見たいと思うような映像や画像の場面とその時の話し方について教えてほしい。
>
> 「保護者会で○○のビデオを見ます」と学級通信で知らせると、いつもより出席者が多くなるという話を聞きました。次の保護者会では、クラスの様子を見てもらおうと考えています。
> 　どの保護者にも喜んでもらえるような場面やその時の話し方について教えてください。

A4 百の言葉より効果的で説得力がある映像や画像
　　　学校の様子を知らせるのならビデオがおすすめです。

　言葉で100回「仲のよいクラスですよ」というより、効果的で説得力があります。

ビデオの場合

　毎回5分ぐらいのビデオを用意します。その後の予定にも影響がないように、あまり長い時間見ないようにします。学習や生活の様子を紹介する場面で使うだけでなく、保護者会開始前に始めて、早く来た保護者に待つ時間を意識させないという方法もあります。

　必ず、**全員が映っているようにします**。また、同じ子ばかりが映っていないように配慮します。

　事前に準備をしておき、開始時刻になったらすぐ始められるようにします。見逃した保護者のために、終了後「私は教室にいますので、どうぞご覧ください」と声をかけると喜ばれます。

画像の場合

　スライド1枚、1コマ15秒ぐらいの目やすで話すとよいでしょう。その時は、具体的な場面を取り上げ、描写するように話します。こういう実践をしたら、子どもがこのように変容したというような場面を取り上げると保護者も喜びます。

　何事もプラス思考で見ていくと、保護者に伝えたい出来事はたくさんあります。日ごろから、エピソードをメモする習慣を身につけるようにしましょう。次から次へと、笑顔で楽しそうに、クラスの子どもたちのよいところを紹介すれば「子どもたちのことをよく見てくださる先生だなあ」と保護者は安心します。

　次のような場面が好評でした。

日常の様子を伝える

- 給食

　　1年生の保護者なら、ほとんどの方が関心をもっています。4時間目の授業参観の後、給食準備からかたづけまで参観したり、当番の様子を給食室まで撮影したりする保護者もいて、関心の高さが分かります。

- 清掃
- 休み時間

学習やイベントの様子を伝える

- 音読や音楽などの発表

　　グループ別の発表なら、必ず全員が映っています。

- 体育の時間
- 運動会の練習

　　練習開始の頃とその後の練習風景など経過がわかるものも好評です。

- 修学旅行や体験学習

　　保護者が活動の様子を見ることができないので、報告の意味でも効果があります。

第2章　保護者会を盛り上げるマル秘テクニック

実物・ミニ模擬授業

Q5　学習の様子を保護者にわかりやすく話す方法を教えてほしい。

保護者会は、長くても1時間以内に終えたほうがよいと聞いています。短い時間の中で、いくつかの事柄について話をしなくてはなりませんので、学習の様子や方法についてわかりやすく話ができる方法はないでしょうか。教えてください。

A5　実物を見せたり実演したりして、わかりやすく学習の様子を話そう。

実物を見せながら話をしよう

子どもたちには、教科書とノートを置いて帰るように話し、保護者には自分の子どもの席についてもらいます。そして、ノートを見せながら学習方法について紹介します。

例えば、「日付やページを必ず書きます」「線はミニ定規を使って引きます」「行はゆったり使います」「間違いは消しゴムで消さずに×をつけます」「赤ペンではなく赤鉛筆を使います」などと話をします。

その後「このような学習の約束を身につけてきたので、うっとりするようなノートになったと思いませんか」と尋ねると「うちの子のノートとは思えないわ」などという声が聞かれるくらいです。

さらに、なぜうっとりするノートがよいのかも話します。家の人や先生に褒められたり、自信をもったり、ミスが減ってテストができるようになったりする効果について話します。

最後に、褒めるポイントを思い出しながら、自分の子どものノートに一言書いてもらうと学習効果があがります。

ミニ模擬授業をしよう

保護者会でミニ模擬授業を始めるようになったら、

「先生、保護者会のミニ模擬授業がとても楽しみです。学習の様子がよくわかり、子どもにもどうしたらよいか話せるので、またやってくださいね」
「ミニ模擬授業は、いつごろやりますか。それにあわせて弟の保護者会に出ますので教えてください」

という声を聞くようになりました。

保護者に3分ぐらい子どもと同じように授業をします。
漢字練習、音読、百玉そろばん、九九尺、漢字文化などいろいろできます。
その後で解説をするとよいでしょう。「百聞は一見にしかず」と言いますが、保護者に学習方法を理解してもらい、協力してもらうには大変よい方法です。

初任者が保護者会に参観に来たことがあります。終了後

「ああやって、保護者に学習方法を知らせて、協力してもらうんですね。知りませんでした。」

と、嬉しそうに話してくれました。

第2章　保護者会を盛り上げるマル秘テクニック

運営方法②

Q6　緊張している雰囲気をとく方法はどうしたらいいでしょう。

　教師になったばかりで、こちらの緊張が伝わっているのか、保護者からの意見が出ません。保護者から質問を受けたり、保護者間で交流する時間を設けたりしたのですが、お互いに話しづらそうで、妙な静けさが教室全体を包んでいます。どうすれば、保護者も教師も楽しく、充実した保護者会になるのでしょうか。

A6　アイスブレイクで保護者が安心して参加できる会場の設定やプログラムを工夫しよう

保護者も緊張している

　大勢の人が集まる場で緊張して話しづらいのは、保護者も同じです。知らない人ばかりの中で、緊張するのは当たり前です。新年度のクラスに向かう子供と同じ気持ちかもしれません。教師が保護者会を工夫し、保護者と教師だけでなく、保護者同士の関係も深められる場にしましょう。

アイスブレイク

　名前を交流するために、アイスブレイクでお互いのコミュニケーションを図りましょう。

ネーム・チェーン

　子供の名前（苗字ではない）で五十音順にチェーン（車座）をつくります。

　そして、自己紹介と子供の名前の由来を話します。

　子供の名前の由来は話しやすいようです。この紹介は、子供と保護者の顔が一致するので、お互いの名前を覚えやすくなります。この時に子供が作った手作り名札があると、その名札を使って自己紹介ができます。

そもそもアイスブレイクとは、参加者の心の氷を砕氷船のごとく、砕いていき、初対面の人同士が交流を深めることを目的としています。成功の鍵を握っているのは、アイスブレイカー（主催者＝教師）です。

　ここに紹介したチェーン術の他にもペアでするもの、グループでするものなど、たくさんの種類があります。本やHPもたくさんあるので、是非一度調べてみてください。

保護者同士の交流

　多くの保護者が関心をもっているテーマを見つけるために学級通信でアンケートをとったり、項目に印をつけてもらったりしながらテーマを決め、グループごとに意見交換をするのもよいでしょう。話し終えたら、代表の人に簡単な報告をしてもらうとさらに交流が深まります。

　テレビやゲーム類の時間や約束、親子の会話時間、挨拶、お手伝い、遊び、お小遣いなどの子どもの意識や考え方の資料があれば話もしやすくなります。

　話がしやすいように近くの人とグループを作る机の配置や椅子を動かして和やかな雰囲気をつくります。

おすすめの書籍

　保護者から出た意見に対しての答えや、話し合いのテーマとして参考になる書籍を紹介します。教師の一意見として伝えるより、「この本によると…」という伝え方の方が、圧倒的に信用してもらえます。

- 苦手な「作文」がミルミルうまくなる本　向山洋一編　師尾喜代子著（PHP研究所）
- 心を育てる家庭学習法　向山洋一著（主婦の友社）
- 向山式家庭学習法Ⅰ、Ⅱ巻　向山洋一著（主婦の友社）
- どんな子だって「勉強できる子」になれる！　向山洋一著（PHP研究所）
- 上達の法則　岡本浩一著　（PHP研究所）
- 脳に悪い７つの習慣　林成之著　（幻冬舎）
- 学力の経済学　中室牧子著　（ディスカヴァー）
- 発達障害の子どもたち　杉山登志郎著　（講談社）

＊TOSSランド（http://www.tos-land.net）TOSSメディア（http://tossmedia.wook.jp/）にも参考になる情報がたくさんあります。

第2章　保護者会を盛り上げるマル秘テクニック

欠席された方には

Q7　保護者会後の学級通信の書き方を教えてほしい。

　保護者会当日の朝、お便りノートをもらいました。読むと欠席のお詫びと「保護者会の内容を教えてください」というものでした。その方には丁寧に返事を書き、配布するプリント渡しました。そこで、他の欠席者にも保護者会の内容を知らせようと思います。
　よい学級通信の書き方があったら教えてください。

A7　出席のお礼と保護者会の内容を学級通信で知らせよう。

　このようなお便りをもらったときは、チャンスです。
　我が子のことや学級の様子、担任の話に関心があるということです。この保護者をはじめ、小さい子がいたり介護の必要があったりしてなかなか出席できないという保護者も多くいます。次の機会には、「行ってみよう」という気持ちになってもらうためにも、学級通信を出します。
　保護者会の内容や様子を簡単に書くだけでもよいでしょう。雰囲気を伝えるために写真を入れると忙しい保護者の目にも留まります。
　後でトラブルが起こらないように、写真を撮ったり掲載したりするときは、一言断ってから行います。

○○小学校 4年○組 学級通信	**えがおいっぱい**	平成28年○月○日 No ○3

保護者会

どの子の絵も表情豊かです。

　昨日の保護者会には、○○名という多くの方にご出席いただき、ほんとうにありがとうございました。内容は、次のようなものです。

1. 遠足の写真をスライドショーで見ました。
2. 今、努力していること
　　道徳の資料で使った「努力のつぼ」の話をしました。子どもたちが、今、努力していることについての振り返りを一言付け加えたものを本日お渡しします。
3. 漢字の練習の仕方
　　漢字スキルを使ってミニミニ模擬授業をしました。学習方法について知って頂くことができたと思います。
4. 国語のノートに一言書いていただきました。
　　何人かの子に保護者の方の励ましや、褒めてもらった言葉を発表してもらいました。ご都合により欠席された皆様にお願いがあります。お子様のノートを見て、努力しているところを一言褒めてください。褒められるとセルフエフィーム（自己肯定感）が高まります。
5. 役員の方から連絡等がありました。
　　白衣の修繕、給食試食会、成人の催しの案内
　　学年親子レクについて、小グループで案を出し合いました。

> 字が丁寧に書いてあって嬉しいわ。
> ミニ定規もきちんと使っているのね。

> 表情がすてきな絵ね。すばらしいわ。

> ダンスやゲームはどうですか。食べることも楽しいですね。

第 3 章

保護者の信頼を得るための秘密

第3章　保護者の信頼を得るための秘密

教室環境

Q8 保護者の信頼が得られるような教室環境のつくり方を教えてほしい。

　保護者会が近づいてきました。毎回、保護者は掲示してある作品を真剣に見ています。その気持ちに応えられるような教室環境にしたいと考えています。
　保護者が喜び、担任への信頼へとつながっていく教室環境の作り方を教えてください。

A8 全員の作品を用意して保護者の信頼を得よう。

子どもの作品を用意しよう

　「どうしても作品を見たいので、会社の昼休みを利用して来ました。」という保護者がいました。学級通信を読んだり、我が子の話を聞いたりして「見たい」と思ったのでしょう。

　どの保護者も我が子の作品を探します。もし、我が子の作品が抜けていたら「なんでうちの子だけないのかしら。できなかったのかしら。先生、どうしてないの。」と思い、担任を信頼しなくなります。このようなミスが、担任の仕事ぶりに対して、一つ一つ疑う気持ちにつながってしまいます。

　全員の作品を用意します。そして、作品には赤ペンが必ず入っていることが大切です。コメントの量も同じくらいにします。観察日記や詩の視写など継続的にコーナーを決めておくのもよいでしょう。

　教室全体を整頓し、清潔感が感じられるような配慮も必要です。

どの作品にも、教師の指導力があらわれる

　我が子の作品を見て、「他の子と違ってどうして丁寧にかいていないのかしら。うちの子ちゃんと勉強しているのかしら」と感じてしまうような作品を掲示してはいけません。きちんとかかれていない作品やほとんどやっていないような作品を掲示したら、「先生は、できない子ややる気のない子に対して何もしないのね」と思うようになります。

　図工の作品なら**酒井式**をおすすめします。だれでも、すばらしい絵が描けるようになる指導法です。新法則化シリーズ「図画美術」授業の新法則には新卒からベテラン教師までは実践したくなる教材がたくさんあります。TOSSランドにアクセスしてみてください（http://www.tos-land.net）。

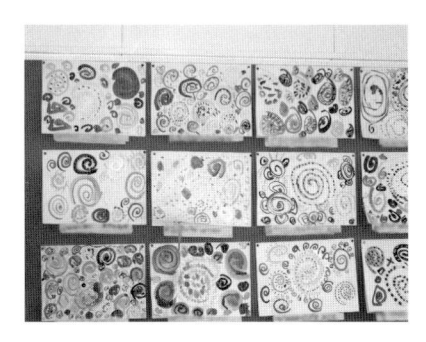

　また、造形あそびは、それぞれのよさが出る作品になり、掲示するのもよいでしょう。

　クリアポケットなどは低学年の子も自分で作品を入れることができるので便利です。

　掲示してある係活動の様子を携帯電話で撮影している保護者がいました。学校でしか見られない活動が見られる一つのようです。

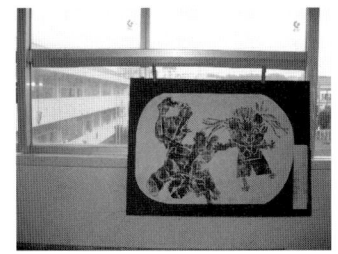

第３章　保護者の信頼を得るための秘密

発達に関する知識

> **Q9** 保護者に子育てについて聞かれました。
>
> 保護者会で子育ての悩みなどを打ち明ける保護者もいます。大変うれしいことなのですが、子育てを経験したことがない私には、何もアドバイスを送ることができません。何か役に立てるようなことが話せないでしょうか。

A9　**1. 子供の発達について資料をもとに話そう。**

　子育てを経験したことがない若手教師にとって、子育ては未知の世界。しかし、教育のプロとして子供の発達についての正しい知識は必要です。経験がない分、資料やデータを基に話せば、納得してもらえます。

2. じゅうぶんに甘えた人が自立する

　子供の心は甘えと反抗を繰り返して大きくなっていくといわれています。
　「甘え」とは「依存」のこと、「反抗」とは「自立」のこと。この二つを行ったり来たりしながら子供の心は大きくなっていきます。
　「甘やかさないことが自立」と思われがちですが、小学校のうちはじゅうぶん甘えていい時期です。ここで難しいのが、「甘えさせる」と「甘やかす」の違いです。

　　「甘えさせる」：　子どもの情緒的な要求を受け入れること。「抱っこして」とか、「話を聞いて」とか、子どもが泣いたりすることに、対応していくこと。主人公が子供。よいこと。（例）できないことやがまんできないことを助ける。求めてきたスキンシップを受け入れる。

　　「甘やかす」：　子どもの要求に無制限にこたえること。不必要なものを与えること。主人公が子供以外。よくないこと。（例）何でも買ってあげる。がまんできることでもがまんさせない。できることでも何でも大人がやってしまう。

　甘えが満たされると、自己肯定感から自信へつながり、やがて自立へと成長していきます。

発達に関する知識

保護者会資料　　　月　　日

子供との毎日の生活を振り返ってチェック✓してみてください
- ☐　子供と一緒にごはんを食べている。
- ☐　1日の中で、子どもと一対一で話す機会がある。
- ☐　子供が何に興味をもっているか知っている。
- ☐　子供が仲の良い友達を知っている。
- ☐　この一週間で一回でも子どものことを褒めた。

いくつ当てはまったでしょうか。この5つ項目を意識して生活することができると、子供のとのコミュニケーションが自然と深まっていきます。

ハッピー子育て　無限の可能性を秘めた子どもに親ができること
抱きしめる
　自分の可能性を信じきっている人は、子ども時代に親の愛情を受けきっているという共通点があります。抱きしめられる経験は、最も温もりと愛情を実感する瞬間です。

1日1回大笑いする
　「笑う」ことが良いことであることは脳科学的にも証明されています。「楽しいから笑うのではなく、笑うから楽しい」という言葉があるほどです。明るい人生に「笑い」は必須です。

子供に対して1人の人間として対等に向き合う
　子供は大人が想像している以上に様々なことを考えています。「子供だから」ということを置いておき、1人の人間として接することが子供の承認欲求を満たし、新たな挑戦への自信に繋がります。

人としていけないことには毅然とした態度で「だめ」と伝える
　子供は親の行動をよく見ています。無意識のうちに親の行動基準が子供の行動基準になります。たくさん甘えさせた上で、「だめなことはだめ」ときちんと伝えましょう。

大人が楽しそうに生活する
　親が「今日も疲れた。大変だった。」と、毎日言っていたとしたら、子どもはきっと「大人になると大変そうだ。」「大人になりたくない。」と思うでしょう。逆に「今日も楽しかった。早く明日にならないかな。」と、毎日言っていたとしたら、子どもはきっと「早く大人になって仕事がしてみたいな。」「早くお母さんになって家族と幸せになりたいな。」と思うでしょう。

第3章　保護者の信頼を得るための秘密

保護者とのやりとり

Q10　日々の保護者とのやりとりで心がけることは何ですか。

ほぼ全ての家庭の保護者が私より年上です。子育てもしたことがない私を保護者が信頼してくれるか心配です。保護者の信頼を得るためには何が必要ですか。

A10　子どもの様子をこまめに伝えましょう

保護者への連絡は次の3つでおこなうことが多いです。
- 電話
- 連絡帳
- 通信（学級・学年通信）

　保護者は、子どもの様子をこまめに伝えてくれる教師を信頼します。学校での様子、どのような学習をしているかなど、学校に来ないと分からないことをお知らせすると、保護者は安心して子供を預けてくれます。教師のそうした姿勢が信頼のカギです。

一筆箋や賞状を活用しよう

　何か褒めることがあったとき、連絡帳にその様子を書くことがあります。それを、一筆箋や賞状に変えてみましょう。子供の喜び度が格段に上がります。

　手元にストックを用意しておき、褒めることを見つけたらすぐに書けるようにしておきます。一筆箋や賞状を渡した子をチェックして、チェックが入っていない子がいたらその子の様子を重点的に見るようにすることで、クラス全員に目をむけられるようになります。そのコメントをコピーしてとっておくと通知表の所見を書く際に役立ちます。

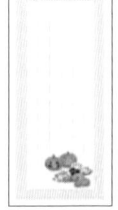

褒める内容で電話をしよう

　学校からの電話がかかってくると、大抵の保護者は「学校で何かあったのかしら。」「うちの子が何かしてしまったのかしら。」とマイナス面で受け取ります。やんちゃな子の家庭には、指導等の内容を連絡することも多く、それが続くと、保護者は学校からの電話に対して嫌悪感を抱きます。

　良いことの報告を電話で伝えることもいいでしょう。「学校からの電話＝嫌なこと」を払拭することができます。「我が子をちゃんと見てくれている。」という意識から保護者と良好な関係を築いていくことができ、聞く耳をもってもらえるのです。

　特別に褒めたいことがあった場合（全校朝礼で表彰された時など）、子供を帰して、子供が家に到着するまでに家に連絡し、「今日こんなことがありました。お家でも褒めてあげてください。」と伝えましょう。家に帰った子供が親から褒められ、「先生はちゃんと私のことを見てくれているんだ。」と実感できるのです。

学級通信は子供の様子が文から読み取れる表現にしよう

子供の様子を描写的に書きましょう。

- ●跳び箱の学習をしました。初めは数名跳べない子がいましたが、少しずつ出来る子が増えて、最後は全員が開脚跳びができるようになりました。

⬇

- ○最後の一人の挑戦を、クラス全員が固唾を飲んで見守ります。
「タタタタ　トンッ」「とべた!!!」　静けさに包まれていた体育館にクラス全員の拍手が響き渡りました。

子供の文章や作品を通信に載せる

　自分の意見文などが通信に載ることは、子供にとっても嬉しいことのようです。良い書き方をクラスに広めるためにも有効な手段の一つです。

○○小学校　○年○組　学級通信

あ　み　い　ご　第○○号

担任：○○○○　　　　　　　　　　　○○○○年　○月　○○日　○曜日

あなたはどの意見ですか？

　授業での討論をもとに、それぞれが意見文を書きました。大きく分けて…

子供のノート写真	子供のノート写真

第3章　保護者の信頼を得るための秘密

夏休みの作品の展示方法

Q11　夏休みの作品のよい展示方法をおしえてください。

毎年、夏休みの課題で「自由研究」があります。子供たちが持ってきた様々な作品を全て評価し、展示するのはなかなか大変です。

また、何をしたらよいかで悩んでしまう子もいて、作品にかなりのレベルの差が出てしまいます。子供にとっても教師にとってもよい方法があれば教えてください。

A11
- 向山型夏休み作品評価法を追試する
- 自由研究テーマはいくつか例示する

夏休みの自由研究作品などは、子供が持って来たらできるだけ早く展示しましょう。保護者が学校に来たときに、自分のクラスだけ作品の展示がされていないと、信頼を失いかねません。逆に教師のコメントがぎっしり書かれている展示を見れば、担任への信頼度は上がります。

作品発表と作品へのコメントの手順
① 夏休みの作品発表会をする
　子どもに30秒から1分で作品の紹介をさせる
② コメントを書く
　教師は子どもの発表を聞きながら作品に対して同時進行でコメントを記入していく。同時進行ですので、作品発表会と同時に全作品への評価カードが完成することになる。

記入の際のポイント
1　呼びかけの形の文で書く
「○○さんへ　とっても面白い実験をしましたね。1週間観察し続けた努力が見事に表れています。全校のみんなに知ってもらいたいですね。」
2　評価用紙とペン
評価用紙は、薄いピンク色の画用紙を使う。（TOSSメモ　さくら　があると便利）ペンは赤色のマジックを使う。この組み合わせにすると、コメントがはっきり見える。

3　コメントの内容
原則、児童本人の発表内容をなぞったコメントを記入していく。例えば、児童の発表が、「くぎを打ち付けるのが難しかったです。」だったとすれば、「これだけの数の釘を１本ずつ丁寧に打ち付けた集中力がすばらしい。」という具合である。
4　書いたコメントはコピーして保管しておく
通知表の所見作成時にも役立つからである。

地域の人からの聞き取りなどで子どもがお世話になっている場合は、担任からお礼状を書く。

自由研究テーマはいくつか例示する
　夏休みの宿題の一つとして「自由研究」を出す学校が多数です。自由度が高い課題である分、何をしてよいか分からない子どもによっては、かなりの負担となる場合もあります。時には、保護者がその負担を請け負うことになるのです。
　いくつかの「自由研究のモデル」を示すことで、子ども自身の力で満足のいく「自由研究」を行うことができます。
① 「旅行記」
　旅行中のあれこれを同時進行でノートにまとめていく旅行記。旅行が終わるころには、立派な旅行記ができている。
　　1. 旅行中の様々なものを集め、ノートに貼っていく。
　　　（切符・パンフレット・写真・入場券・落ち葉などなんでも）
　　2. 貼ったページに日付や天気を書く。
　　3. 説明・感想などを貼ったものの近くに書いていく。
　　4. 色鉛筆で枠やイラストに色をつけて完成させる。
　　＊ノートにまとめるのは難しい場合は、画用紙１枚にまとめる。
② 実験（レポート）
　　●アサガオのつるは右巻きか左巻きか？またその他のつる植物の巻き方は？
　　●線香花火が長持ちする持ち方、方法は？
　　●蜘蛛の巣はどのようにして完成するのだろうか？
など、実験のネタになるテーマをいくつか例示するのもよい。その際には、実験のまとめ方を教えておく必要がある。自分で実験したこと、本やネットを参考にしたことを区別し、参考文献は実験レポートに明示することなど、科学研究の約束も教えておく。

　夏休み中に行われるイベントを紹介することや、これまでの子供たちの「自由研究例」を写真等で掲載すると、イメージが湧きやすくなります。時間がある「夏休みだからこそ」の活動ができるように教師が様々な手立てをとる必要があります。

第4章

これで差がつく家庭訪問・個人面談のひと工夫

家庭訪問①

> **Q12** 家庭訪問をするとき、保護者とうまくコミュニケーションをとる方法、話題づくりを教えてほしい。
>
> 担任をもって、1ヶ月。初めて会う保護者と何をどのように話したらよいか不安です。保護者から信頼を得られ、うまくコミュニケーションをとる方法を教えてほしい。

A12 子どもの長所だけ話して、話す内容がなくなったらアルバムを見せてもらおう。

　家庭訪問は、だいたい10分から多くても20分ぐらいの時間しかとれません。その中では、お子さんのよさを伝えます。これで今後の家庭と担任との信頼関係が違ってきます。保護者は、子どもの短所は、よく知っているものです。それをまた、繰り返すより、「こんなよいところがあったのか」と保護者が再認識するような話をするのです。特に若い先生は、日常の子どものよいところを見つけ5つくらい用意してから訪問する心構えが必要です。

　また、「よろしければ、アルバムを拝見させてください」とお願いしておきます。そして「かわいいですね」と心から褒め、「病気はされなかったのですか」とさりげなく聞きます。アルバムから子どもの健康状態・家庭環境についての情報を得ることができます（向山洋一氏　講演より）。

家庭訪問①

家庭訪問資料

家庭訪問カード

＿＿年＿＿組　氏名＿＿＿＿＿＿＿＿

保護者の方へ
　生活についての調査にお答えください。

起きる時間	寝る時間
どんな家のお手伝いをしていますか。	

おけいこごと・学習塾

月	火
水	木
金	土
日	

子育てで大切にしていること（家庭でのルールなど）

担任への要望・質問・その他何でもお書きください。

ご協力ありがとうございました。

家庭訪問②

Q13 家庭訪問をするとき、時間通り回れる方法があったら教えてほしい。

クラスの児童数が38人いるので、一日当たり、8～9人の訪問をする日があります。時間通り、上手に回る方法があったら教えてください。

A13 時間のロスを少なくして、訪問時間をしっかり守ろう。

事前に、家の場所を地図でチェックし、家庭の都合と合わせて予定表を作ります。時間のロスをできるだけ少なくするためのポイントは

① **学校から遠い所からスタートする。**

　　ちょうど、トイレに行きたくなるころ、学校に近くなります。

② **次の友達の家まで案内してもらう。**

　　地域ごとに回るので、近くの友達の家を調べておいてもらい、案内してもらいます。住宅地図で、必死になって探す必要もなくなります。子どもと一緒に歩くのも楽しいものです。

③ **家の前で立っていてもらう。**

　　分かりにくいときは、この一言で、家を見つけられない場合が半分以上防ぐことができます。（伏島　均氏実践より）この場合、担任は時間厳守。保護者を待たせてしまっては、信頼を失うことにもなります。

家庭訪問②

> 参考資料

○年○組　保護者様　　　　　　　　　　　　　平成○年○月○日

　　　　　　　　　　　　　　　　　　　　　　○○市立○○小学校
　　　　　　　　　　　　　　　　　　　　　　○　　年　　○　　組
　　　　　　　　　　　　　　　　　　　　　　担任　○○　○○

家庭訪問のお知らせ

　四月も半ばを過ぎ、さわやかな季節になりました。子どもたちもクラスに慣れ、毎日張り切って学校生活を送っています。
　さて、家庭訪問が○月○日から一斉に始まります。子どもたち、一人一人を知り、今後の指導の参考に致します。

　　□学校までの道筋　　□登校班での問題　　□家庭での様子
　　□保護者の方が子どもに望むこと　□学校や担任に対する希望
　　□その他（子どもの健康状態など）
　また、アルバムを拝見させていただけるとありがたいです。
　短い時間ですが、有意義な時間にしたいと思いますので、よろしくお願いいたします。

（敬称略）

	○/○日（○）	○日（○）	○日（○）	○日（○）
14：20	□□　□□	□□　□□	□□　□□	□□　□□
14：40	□□　□□	□□　□□	□□　□□	□□　□□
15：00	□□　□□	□□　□□	□□　□□	□□　□□
15：20	□□　□□	□□　□□	□□　□□	□□　□□
15：40	□□　□□	□□　□□	□□　□□	□□　□□
14：00	□□　□□	□□　□□	□□　□□	□□　□□

※一人当たり移動を含めて20分です。ご了承ください。
※できれば、次の家まで案内していただけると助かります。

家庭訪問③

> **Q14** 家庭訪問の時、保護者の希望を聞いていると、移動距離が長くなって時間がかかってしまう。どうしたらよいか教えてほしい。
>
> 家庭訪問のお知らせを作るとき、毎年、保護者の希望を聞くようにしています。でも、計画表を作ってみると、何度か同じ地域を回ることになってしまったり、移動距離が長くなってしまったりして、家庭訪問の終了時刻が遅くなってしまいます。どうしたらよいか教えてください。

A14 家庭訪問のねらい・日程に合わせて計画を立てよう。

　保護者も様々な事情をかかえています。家庭訪問はなるべく保護者の希望を聞くようにしています。

　しかし、希望を聞くときには、「都合のよい日をお知らせください」ではなく、「都合の悪い日に×を付けてください」と書きます。または、「都合のよい日を第3希望までお書きください」と書きます。保護者の希望をとりつつ、計画もたてやすくなります。

　学校によっては、地域ごとに日にちを設定する所もあります。都合がつかない場合どうするのか。「家の場所確認だけ」なのか、「他の日に回す」のか、その学校のねらいに沿って計画を立てるとよいでしょう。

家庭訪問③

参考資料

家庭訪問のお知らせ

5月○日（月）～5月○日（金）までの5日間に家庭訪問を行います。
家庭訪問では、ご家庭の様子を知ることにより、お子様一人一人を理解し、今後の指導に生かしていきます。

> その1
> 　下の日程の希望欄に、ご都合がつかない日に×をつけてください。
> その2
> 　下の日程の希望欄に、ご都合のよい日を第3希望（①②③で）までお書きください。

また、担任に知らせたいことがありましたら、通信欄にお書きください。

------------------------------ きりとりせん ------------------------------

家庭訪問希望票

○年　　組　児童氏名＿＿＿＿＿＿＿＿

家庭訪問日	希望欄	家庭訪問日	希望欄
5月○日（月）		5月○日（木）	
5月○日（火）		5月○日（金）	
5月○日（水）			

訪問時間は、14：30～17：00です。

【通信欄】

第4章　これで差がつく家庭訪問・個人面談のひと工夫

個人面談①

Q15 夏休み前の個人面談で、一学期の生活の様子をどのように保護者に話したらよいか教えてほしい。

もうすぐ夏休みになります。4月から7月の生活の様子をどのように記録し、資料にしておいたらいいのでしょうか。また、保護者とどんな話をしたらいいのか教えてください。

A15 学校での様子を保護者に具体的に話せるように、少しずつ資料を集めておこう。

　保護者に、説得力のある話をするためには子どもの様子を具体的に話ができるようにしておくことです。その時になってあわてて資料を集めようとしても大変です。
　例えば、保護者の相談の中に「うちの子は、友達と仲よく遊んでいますか」「一人でいることは、ありませんか」など、友達との交友関係を心配する内容があることが予想されます。朝・中休み・給食・昼休みの遊びの様子を見ておきましょう。日常のできごとや元気な様子をこまめに記録しておきましょう。遊びの名前をメモしておくだけでも話題になります。また「遊び調べ」をするとさらに具体的な資料になります。

参考資料

遊び調べ

　　　月　　　日　（　）曜日　名前

遊んだこと	遊んだ友達の名前
何をして遊びましたか	

　上のような表を準備して、実施します。表は、できるだけ簡単に記入します。

　また、保護者の相談で「うちの子は、給食を食べていますか」などもあります。給食の様子も一週間くらい続けて調査をしておくと事実を伝えられます。

　給食の献立表に全部食べられたら○をつけさせます。残した献立を給食が終わったときに見て回ります。たとえば「野菜スープ」「ひじき」「キャベツサラダ」など、嫌いな食材がわかればそれを記録します。

　1週間ぐらい記録しておけば、その子どもの傾向が分かります。給食を無理に食べさせることは、子どもに苦痛を与え、登校拒否にもなりかねません。健康との関わりで事実を伝え、「だんだん食べられるようになります。」「がんばって食べていますよ。」と保護者を安心させましょう。

第4章　これで差がつく家庭訪問・個人面談のひと工夫

個人面談②

Q16 冬休み前の個人面談に用意したい学習の資料の作り方を教えてください。

冬休み前に、保護者から「うちの子は、果たして、勉強が分かっているのか」「どこを頑張ればよいのか」という相談を受けました。学力について、しっかりとした資料を用意したいのですが、どんな資料を用意したらよいのか分かりません。教えてください。

A16 ふだんの授業での評価をしっかりして、資料を集めておこう。

ふだんの授業での評価がとても大切になってきます。それには、毎時間の具体的な評価規準を事前に一覧表にしておくことです。毎時間で大変なら、その単元のどの場面では、この評価をしようと計画するだけでもよいのです。

評価規準は、いろいろなものが出ていますが、おすすめは、教科書会社のホームページです。各学年の指導計画から、単元のねらい、学習活動例、評価規準などが、一覧表になっているので、ダウンロードして、印刷しておくと評価だけでなく、週案を書くときにも利用できて、便利です。

また、音読の時の様子、発表した意見の内容など、ちょっとしたがんばりをメモしておくことが一番の資料になります。メモは事実ですから、説得力もあります。

参考資料

評価規準の名簿
1年算数　ひきざん　13－9の計算

	氏　名	くり下がりのある引き算の仕方について十のまとまりに着目して考えている。	減加法による計算の仕方を理解している。	減加法による計算が確実にできる。	減法が8、7、6の場合でも、十のまとまりから、一位数を引けばよいことを理解している。
1	□□□□	◎	○	○	◎
2	□□□□	○	○	△	○
3	□□□□	◎	◎	◎	○
38	□□□□	○	○	◎	○

　名簿に単元ごとの評価規準を入れておきます。また、どの場でどのように評価するのか計画を立てておきます。

　授業時間内に評価できない場合は、その日の内に記録する時間を確保するとよいでしょう。授業の中で必ず、個別に評価する場面を意識的に作るようにします。

　例えば、算数では、ノートチェックは、もちろんのこと、計算の仕方を一人ずつ必ず一度は、当たるようにしながらチェックします。発言やブロック操作の様子など、日常の学習の中で子どもの評価場面はたくさんあります。見逃さないようにしたいものです。

第4章　これで差がつく家庭訪問・個人面談のひと工夫

個人面談③

Q17 面談の教室環境など、どのように準備すればよいか教えてほしい。

面談の前に、資料を作ることで頭がいっぱいで、机の配置や教室環境について、どんなことを準備したらよいのかわかりません。教えてください。

A17 待っている保護者の立場に立って、準備をしよう。

【準備すること】
① **面談の席を用意する。**
　夏は涼しく、冬は暖かい場所に設置します。教室で行う場合は、廊下には人がいることが多いので、教室中央か、やや窓に近い場所で行うほうがよいです。

② **教室や廊下を整備する。**
　教室に入ったとき、気持ちよく感じる清潔な環境にしましょう。（ふだんから心がける。）廊下の掲示物も忘れずに展示されているか確認します。

③ **待つ場所を用意する。**
　廊下になることが多いので、いすを2脚置く。待っている場所に、読みやすく、ためになる本を置くとよいでしょう。時間を厳守しても、保護者の多くは約束の時間より早く来て待っているので、待っている間に読むことができます。

④ **面談計画表を掲示する。**
　今、誰と面談をしているのか一目で分かるようにしておきましょう。

⑤ 子どもの作品やノートを用意する。

　せっかく学校に来てもらうのだから、ぜひ、子どもの作品を用意したい。待っている場所でゆっくり見られるように展示する。

　また、子どものノートを見せることによって、ふだんの学習の様子を知らせることができる。

指導のポイント
- ていねいに書いてあるか。
- 板書をしたものがきちんと書かれているか。
- ゆったりスペースを空けて書いているか。
- 直線はミニ定規を使って引いているか。

⑥ 水分を用意する（教師のため）。

　話すことが続くので、飲み物を用意しておき、面談の合間に水分補給をしましょう。人数が多い場合は、間に休みの時間を入れるとよいでしょう。

廊下に置いておくとよいおすすめの本

- 子どもがじっと耳を傾ける魔法のおはなし（PHP研究所）
- 子どもが思わず聞き入る魔法のおはなし（PHP研究所）
- 向山式「勉強のコツ」がよく分かる本　子どもを伸ばす"家庭学習"の考え方・進め方（PHP研究所）
- ワーキングメモリをきたえる　アタマげんきどこどこ（騒人社）
- もののはじまり物語（騒人社）

第4章　これで差がつく家庭訪問・個人面談のひと工夫

個人カルテ

Q18 家庭訪問や個人面談に使える子どもの資料のまとめ方を教えてほしい。

個人面談の時も改めて資料を作るのに時間がかかってしまいました。
　ふだんから蓄積しておけばよいことは分かるのですが、子どもの資料をどのようにまとめておいたらよいかわかりません。個人面談や家庭訪問などに使う資料の上手なまとめ方を教えてください。

A18 子どもの資料は、カルテにしてファイルしよう。

　4月のうちに、子どもたちのカルテを作ります。そこに気づいたことや保護者からの要望、事実の記録をしておきます。5月には、家庭訪問がある学校が多いので、なるべく早いほうがいいのです。
　パソコンのエクセルなどで個人のページを作って記録できるようにします。
　表を印刷しておいて手書きのカルテを作ってもいいでしょう。
　家庭訪問や個人面談での保護者からの要望や質問なども、その時に記録しておきます。家庭訪問カードや子どものアンケートもカルテと一緒に保管しておきます。蓄積しておくことによって、面談の資料にもなります。後で、保護者からの問い合わせがあっても、あわてることがありません。

　いうまでもありませんが、個人の情報の取り扱いには十分注意しましょう。小さなミスや気のゆるみで大きな罰の対象になった教師もいます。学校での体制も必要です。

参考資料

個人カルテ	番　名前
家庭 構成　父　母 　　　姉（3年） 　　　祖母　祖父 ぜんそく気味 よく熱を出す。	学習面 4/10　みんなの前で、自己紹介をする。声が小さくて聞きにくい。 4/25　暗唱「いろはうた」みんなの前で合格する。 5/14　初めて、自分から手を挙げて、発言する。 6/2　音読練習「あいうえおのうた」を30回練習してくる。みんなの前で褒められる。

生活面
4/15　掃除で黒板を担当する。隅々まできれいにそうじして、褒められる。
4/20　ダ行、ラ行の発音が不明瞭である。家庭でも注意してもらうように連絡する。
5/6　声をかけて、ドッジボールに誘う。友達と外で遊ぶ。
6/10　中休みに、ジャングルジムから落ちて、擦り傷。保健室で消毒後、家庭に連絡する。

家庭から
5/2　「近所に友達がいない。」「外に遊びに行かない。」と相談受ける。教育方針　自立心を育てたい。　体力作りをさせたい。
6/11　連絡帳でお礼の返事をもらう。

第4章 これで差がつく家庭訪問・個人面談のひと工夫

アンケート

> **Q19** 子ども一人一人のことをよく知りたいと思ってもなかなか時間がとれません。よい方法を教えてほしい。
>
> 家庭訪問や個人面談で、できるだけ子どもを理解して臨みたいと思っています。ふだん子どもとできるだけ時間を取りたいと思っていても、時間がとれません。よく話をしに来る子は、いいのですが、自分から来られない子へのよい方法があれば教えてください。

A19 子どもにできるだけ一日一回は声をかけよう。アンケートで気になる子をチェックしよう。

　児童名簿をA3版に拡大コピーをしておきます。記入欄が大きくなって、記入しやすくなります。

　放課後、その日の子どもたちを思い起こし、よいことや気になることを名簿に記入していきます。

　もし、声をかけなかったり、思い起こすことができなかったりした子がいたら次の日、真っ先に声をかけます。よいことが記入していない子がいたら、「すみずみまでほうきで掃除をしていた」「友達にはげましの声をかけていた」など小さなことでも、よいことを探して記入します。

　また、時々アンケートをすることによって、子どもたちが考えていることが分かったり、気になる子には、声をかけたりすることもできます。

　たとえば、「学校が楽しくない」と書いた子に対して、それとなく行動を観察しておきます。休み時間の様子や給食、授業中など楽しくない原因が分かれば、担任として対応ができるはずです。

アンケート

参考資料

生活と学習アンケート　　　名前

　質問に答えましょう。　　月　　日

① 学校は楽しいですか。○をつけてください。

　　　　はい（　）　　ふつう（　）　　いいえ（　）

② あなたの好きな時間はどれですか。（何個でも○をつけてよい）

国語（　）	社会（　）	算数（　）
理科（　）	体育（　）	図工（　）
音楽（　）	学活（　）	総合（　）
道徳（　）	給食（　）	休み時間（　）

③ 今、あなたがいちばんがんばっていることは何ですか。

④ 家の人によく言われることは何ですか。

⑤ 先生に話したいことがあったら、書いてください。

第4章 これで差がつく家庭訪問・個人面談のひと工夫

> 市販テスト

> **Q20** テスト結果の活用の仕方を教えてほしい。
>
> 個人面談で、保護者に子どもの学力の話をするときの資料に市販のテストの結果を使いたいと思いますが、どのようにまとめたらよいか分かりません。保護者にも分かりやすく活用できる方法があったら教えてください。

A20 テスト会社のホームページの評価得点集計ソフトを使って、一人一人の資料を作ろう。

　最近、どのテスト会社でも、集計ソフトのサービスを行っています。CDROMが付いてくる場合もあるし、ホームページから、ダウンロードできる場合もあります。上手に使って分かりやすい資料を作りましょう。
　テスト会社のホームページからのダウンロードの仕方を説明します。

① 検索でテスト会社のホームページを開きます。
② HOME ⇒ ダウンロード：小学校（先生）⇒ 評価得点　集計ソフトを順に開きます。
③ 3学期制か2学期制かを選択し、教科書会社、学年を選んで、ダウンロードします。
④ エクセルの入力シートに得点を入力していけば、成績管理に必要な5つのシートを作成することができます。
　　●単元別評価集計表　　　　●年間成績集計表
　　●観点別評価得点集計表　　●個人別学力診断表
　　●関心・意欲・態度の評価表

その子ががんばっている様子を伝えるための資料を活用しましょう。

市販テスト

参考資料

個人別学力診断表

テストの得点を入力すれば、個人の診断表ができあがります。

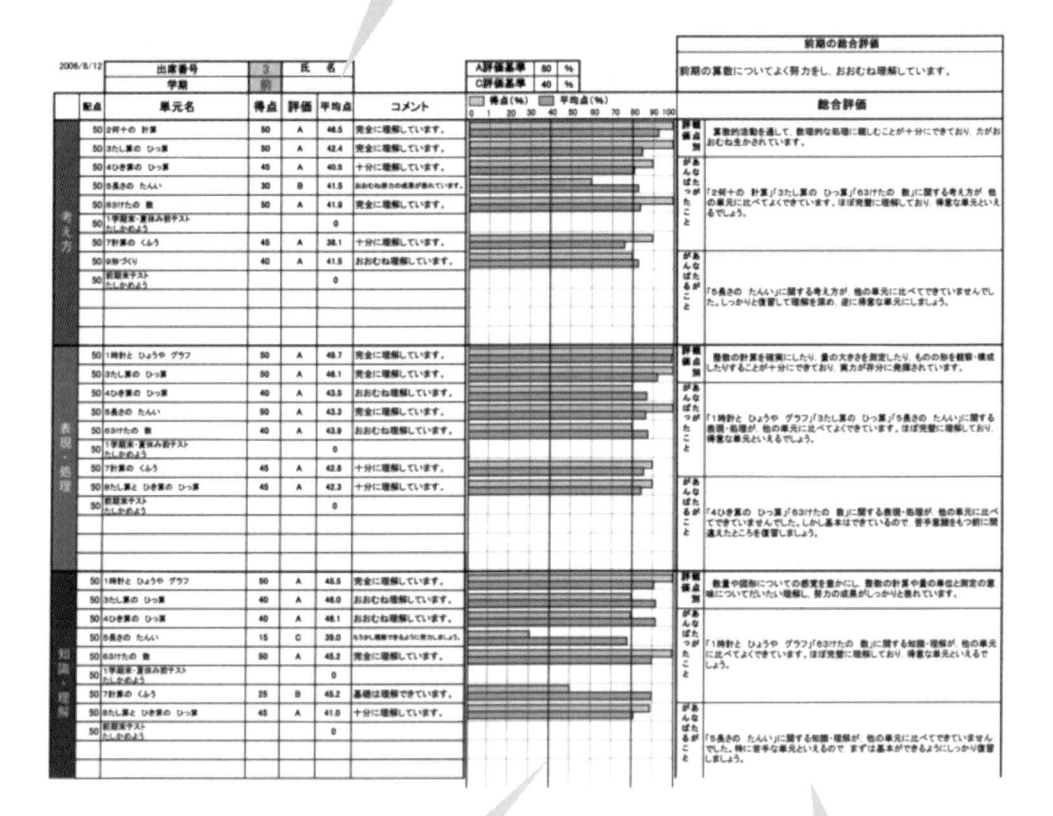

クラスの平均点と、個人の得点がグラフで表示されます。

観点別に言葉で総合評価と「がんばったこと」「がんばること」が表示されます。

第4章

あとがき

　私の初めての保護者会、思い出すと冷や汗が出ます。子どもの様子をしっかり伝えなければという思いで、話しのネタを用意して臨みました。学級での様子、学習の状況などを話し、最後に保護者に何か話をしてもらおうと「順に一言ずつお願いします。」と何気なく話をふったとき、すでに終了予定時刻を30分も超えていました。保護者の話も、こちらがテーマを絞ったわけではないので、家庭での日常的なことから個人的な相談まで話が及び、結局全てが終了したときには、予定を1時間近く過ぎていました。このあと、学童に子どもを迎えに行かれる保護者もいるのに、大反省の保護者会でした。

　当時の私には、「保護者に学級のことを伝えよう」という意識しかなく、保護者会や面談を「どのように運営するか」という意識が抜け落ちていました。

　TOSSブルーライトサークルの先輩方にアドバイスを頂き、保護者会や面談の進め方について考え直しました。その中で、保護者会や面談の準備は、授業準備と似ていることに気づかされました。

　1. 開始時間と終了時間を守る。
　2. 資料（モノ）を用意する。
　3. 活動の順番を考え、場の設定をする。

　全て、授業においても大切なことです。それからの保護者会・面談は、来てくれる保護者の顔を頭に浮かべながら、「何を知りたいのだろう。」「どんな話をしたいのだろう。」ということを想像しながら、準備を進めるようになりました。そして、それらを満たす内容を時間通りに進めるために、一番よいプログラムを考えるのです。

　本書は、私と同じように経験が浅い教員はもちろん、ベテランの先生方にも役立つ「知りたい情報」「使える資料」「配慮すべき急所や仕事術」が詰まった一冊です。

　この企画を頂いてから、原稿をTOSSブルーライトサークル代表の師尾喜代子氏を中心に、サークルメンバーで検討しました。今の時代、今の教師に必要な一冊になるよう、サークル員の経験や実践を生かし、限られた紙面で正確に伝わるよう執筆活動を進めました。原稿を書く中で、先輩からアドバイスをもらい、その学びを自らで整理することは、私にとっても大きな学びとなりました。

　本書が多くの先生方のお役に立てばうれしいです。

TOSSブルーライトサークル　　中田　駿吾

【監修者紹介】

向山　洋一（むこうやま　よういち）

東京都生まれ。1868年東京学芸大学卒業後、東京都大田区立小学校の教師となる。全国の優れた教育技術を集め、教師の共有財産にする「教育技術法則化運動」を立ち上げた。その後、さらにネットワークを広げ、TOSS（Teacher's Organization of Skill Sharing）代表として、教師の技量向上をはじめ、日本の教育界に様々な提言を発信している。日本教育技術学会会長。著書多数。

【編者紹介】

師尾喜代子（もろお　きよこ）

世田谷区・大田区立小学校勤務し、定年退職後、株式会社騒人社代表取締役。書籍「子どもがじっと耳を傾ける魔法のお話」（PHP）他多数

【執筆者】　TOSSブルーライトサークル　◎：編集リーダー

◎中田　駿吾	白石　和子	久保田昭彦
橋本　信介	佐藤あかね	島　まゆみ
中濱　麻美		

―親との信頼関係をつくる―

そのまま保護者会資料

〈個人面談・家庭訪問資料付き〉

2016年3月　初版発刊
2017年4月　2刷発刊
2021年3月　3刷発刊

監　修　者　　向山　洋一
編　　　著　　TOSSブルーライトサークル
代　　　表　　師尾喜代子
イ ラ ス ト　　喜多　啓介
発　行　者　　師尾喜代子
発　行　所　　株式会社　騒人社
　　　　　　　〒142-0064　東京都品川区旗の台2-4-11
　　　　　　　TEL　03-5751-7662　　FAX　03-5751-7663
　　　　　　　会社HP　http://soujin-sha.com/
印　刷　所　　株式会社　双文社印刷